基金项目
河南省教育厅人文社会科学研究项目“河南省人文社会科学人才年龄与成果的时空分布研究”（2016—ZD—015）
河南省哲学社会科学规划项目（2017CZZ012）
河南省软科学研究项目（172400410359）
河南省高等学校重点科研项目（16A630014）

The time and Space Distribution of Ages and Achievements of Talents in Humanities and Social Sciences in the World Since the 15th Century

15世纪以来人文社会科学人才年龄与成果的时空分布

崔　璐◎著

中国经济出版社
CHINA ECONOMIC PUBLISHING HOUSE
北 京

图书在版编目（CIP）数据

15 世纪以来人文社会科学人才年龄与成果的时空分布/崔璐著．
—北京：中国经济出版社，2018. 11
ISBN 978 -7 -5136 -5271 -1

Ⅰ. ①1… Ⅱ. ①崔 … Ⅲ. ①人文科学 - 人才 - 时空分布 - 研究 - 世界 ②社会科学 - 人才 - 时空分布 - 研究 - 世界 Ⅳ. ①C

中国版本图书馆 CIP 数据核字（2018）第 148400 号

责任编辑　杨　莹
文字编辑　郑潇伟
责任印制　巢新强
封面设计　久品轩

出版发行　中国经济出版社
印 刷 者　北京艾普海德印刷有限公司
经 销 者　各地新华书店
开　　本　710mm × 1000mm　1/16
印　　张　12. 25
字　　数　180 千字
版　　次　2018 年 11 月第 1 版
印　　次　2018 年 11 月第 1 次
书　　号　ISBN 978 -7 -5136 -5271 -1
定　　价　48. 00 元
广告经营许可证　京西工商广字第 8179 号

中国经济出版社 **网址** www. economyph. com **社址** 北京市西城区百万庄北街 3 号 **邮编** 100037
本版图书如存在印装质量问题，请与本社发行中心联系调换（联系电话：010 -68319116）

前　言

人类已进入信息化时代，其经济结构、社会结构、生活环境、心理状况、行为方式等发生了巨大、深刻的变化，出现了复杂的社会、经济、政治、管理等方面的问题，因此，时代迫切需要人文社会科学的发展。人才是人文社会科学发展的主体，科学与教育资源作为战略资源的稀缺性进一步凸显了研究人文社会科学人才成长规律，合理配置资源的必要性。为进一步深化人才强国战略理论认识、繁荣人文社会科学事业、顺应中国文化软实力建设，迫切需要运用科学的方法对人文社会科学发展进行规律性认识。但是自近代自然科学发迹以来，其对社会经济发展起到了超乎寻常的巨大作用，人们关注的焦点长期在自然科学方面，而轻视人文社会科学的地位和作用，关于人文社会科学发展规律性的研究文献十分稀缺。

国外学者对人文社会科学人才成长规律性进行探索，强调成果产出与年龄之间的关系，他们之间展开学术争论，形成了成果产出与年龄“正相关”“负相关”以及“非关联”三种观点。通过定量研究构建出模型来描述成果产出与年龄的关系，总结出三种曲线形状：单峰型、双峰型以及直线型，并得到了不同的峰值年龄数据。为进一步诠释定量研究出现的结论，国外学者从人才个人成长机理以及外部影响因子等不同视角进行理论分析，构建出能够诠释实证现象的理论模型。国内学者主要从理论及经验层面对人文社会科学人才成长规律进行总结，分析人才成长的阶段性、过程性特征，以及影响人才成长的三个因素：社会因素、个人因素、学科因素。

对 15 世纪以来人文社会科学人才年龄与成果的时空分布现象的研究，定性与定量分析相结合，运用文献研究、对比分析、统计分析等研究方法。以1985年出版的《简明不列颠百科全书》（中文版）和1990年的增补卷为数据信息主要来源。另外，《世界人文社会科学名人录》、“谷歌学术”“维基百科”“百度百科”等网络资源为模糊或不安全信息提供佐证，样本数为1391个。

人文社会科学人才年龄与成果的时空分布包括成果产出年龄的分布，成果时间序列分布和成果空间分布。人文社会科学人才成果产出的年龄服从对数正态分布的规律，总体上看，峰值年龄为41岁。按世纪划分，从15世纪到20世纪的峰值年龄总体上呈现递减的趋势。按人文社会科学13个主要学科划分，文学人才成果的峰值年龄为36.8岁，经济学38.4岁，心理学38.8岁，哲学与艺术均为39.1岁，社会学39.9岁，政治学40.9岁，宗教学41.3岁，语言学41.4岁，人类学41.6岁，历史学、考古学与法学人才的峰值年龄较大，分别为43.2岁、44.2岁与44.3岁。峰值年龄也就是成果产出的“最佳年龄”，仅说明人文社会科学家群体落在这个年龄区间时，做出成果的可能性较大，但绝对不代表处于该区间的所有人，都一定能做出成果来。在15世纪至20世纪末的时间序列里，人文社会科学成果存在30年一次超长涌现的现象，这个时期人才辈出、硕果累累。成果是人文社会科学发展的载体，人文社会科学成果超常涌现表征人文社会科学发展的高峰期，也就是说，人文社会科学存在30年的繁荣周期。15世纪到20世纪60年代，人文社会科学强国在英、意、法、德、美五国之间产生了8次转移，转移过程的模式为三种：一国独强式、两国角逐式和多国交替式。随着国家间人文社会科学发展的竞争不断激烈，人文强国呈现出三个特点：一是取得人文强国地位的难度越来越大，要有成果数量上的绝对优势。二是强盛期维持的时间呈缩短趋势，人文社会科学成果空间转移频率加快。三是从15世纪至20世纪末，人文强国人文社会科学家数平均值随时间呈现指数增长态势。

人文社会科学在发展不可避免地受到多种相互依存的偶然、或非偶然因素影响，因而对人文社会科学人才年龄与成果的时空分布现象的分析十分复杂。因此从逻辑的合理性层面来看，由于人类心理和生理随着年龄的变化呈现不同时期的特点，创造力具有“最佳时期”，伴随着人文社会科学学科分化，学术研究效率的提高，创造力实现所需的积累时间变短，进而创造力的“最佳时期”，即成果年龄峰值也不断地前移，呈现越来越年轻的趋势。然而，各学科的分化发展程度不同，又造成了各学科人才成果创造峰值年龄的差异。一代代青年人推动着人文社会科学范式转换，范式转换带来成果大量涌现的繁荣期，形成了人文社会科学代际繁荣的现象，但是动乱的社会环境，导致人文社会科学发展的低谷。教育中心是人文强国形成的重要基础条件，教育中心的转移导致人文强国的转移。

目　录

1 绪 论

人文社会科学是人文科学和社会科学的总称。人文科学，是以人类的精神生活与精神世界及其沉淀的精神文化为对象的科学；社会科学则是一种以人类社会为研究对象的科学。从上述定义看出人文科学和社会科学难以明确区分，二者都与人类的文化教养、智慧和德行有关。其区别在于人文科学直接研究人的需要、意志、情感和愿望，强调人的主观心理、文化生活等个性特征；社会科学强调人的社会性、关系性、组织性、协作性等共性方面。在中国，“哲学社会科学”与“人文社会科学”两个概念经常不予以区分。1955 年提出的“哲学社会科学”概念，以中国科学院“哲学社会科学学部”的体制化方式存在，常为管理部门使用；而在学术界和西方文献中多用“人文社会科学”予以表达。本文在涉及两个概念时，统一使用“人文社会科学”。

1.1 选题背景

本文来源于两方面的思考，一方面是赵红州在《科学能力学引论》中揭示了自然科学人才成长的规律性，并独立测算出杰出科学家做出重大贡献的最佳年龄区间、最佳峰值年龄以及首次贡献的最佳成名年龄等数据。对于揭示自然科学家的成长规律，自然科学在人类文明发展中的重大作用具有重要意义。但也存在一个不足，即只研究和描绘了自然科学人才成长的现象，没有研究人文社会科学家的成长轨迹，尚未系统测量和揭示人文社会科学家最佳的产出年龄数据。目前看来，国内外已有一些学者就人文社会科学的某一学科、某一方面的人才进行研究，探索它们成长的规律。

但总的说来，还是零散的、不系统的，把人文社会科学人才作为一个整体探索其成长的规律性，尚未发现成果。二是对大力发展繁荣人文社会科学的现实思考。以往人们对两大科学地位和作用的认识不平衡，人们关注的焦点长期在自然科学方面，过度重视乃至倚重自然科学和技术，而轻视人文社会科学的地位和作用。本文借助中国政府《关于进一步繁荣发展哲学社会科学的意见》① 的指导，拟对人文社会科学人才成果年龄与成果时空分布进行研究。

进一步说，提出“人文社会科学成果产出与年龄分布”的研究问题，具有深刻的理论背景与现实背景。

1.1.1 时代迫切需要人文社会科学的发展

自近代自然科学强盛以来，其对社会经济发展起到了超乎寻常的巨大作用，特别是20世纪下半叶，科学技术成为第一生产力，在社会发展和人类生活中地位日益显著。工业社会倾心于自然科学技术的研究开发和利用，相对忽视甚至冷落了人文社会科学，从而失去了必要的人文社会科学精神支持，工业化和现代化如同缺轮车和折翼鸟，终于造成“工业文明”的畸型发展。自然科学因为缺乏合理的制度约束和正确的价值观指导，而成为随时可能失去控制的潘多拉宝盒中的魔鬼。② 人们渐渐开始意识到，只有科技进步并不能使社会健康发展，使人类得到真正的幸福。

伴随着社会发展，人类已进入信息化时代，其经济结构、社会结构、生活环境、心理状况、行为方式等发生了巨大、深刻的变革。现代生产的发展，已不是单纯的技术问题，还有复杂的社会、经济、政治、管理等方面的问题，需要在自然科学和人文社会科学两家联盟的公共作用下，才能实现。③ 反思人类社会发展历史，人文社会科学和自然科学如同车之两轮、

---

① 中共中央．关于进一步繁荣发展哲学社会科学的意见［N］．人民日报．2004-03-21.

② 孙红军．学习《中共中央关于进一步繁荣发展哲学社会科学的意见》座谈会发言摘登［J］．苏州科技学院学报（社会科学版）2004，21（3）：11.

③ 余英杰．社会科学人才论［J］．武汉交通管理干部学院学报．1994（3）：1-3.

鸟之双翼，相辅相成，密切配合，共同推动人类社会前进。

中国已进入现代化建设进程中的关键阶段。从国际看，经济一体化和政治多极化浪潮席卷全球，各国之间的竞争愈加激烈，中国“和平崛起”遭遇的挑战越来越严峻，面临的困难和问题也无可回避，包括三农问题、城乡劳动力的就业与再就业问题、公平与效率问题、反腐败问题、三个文明协调发展问题，等等。这些问题的解决离不开人文社会科学包括交叉学科和新兴学科的发展与繁荣。

时任国务院总理温家宝在省部级主要领导干部专题研究班上指出：我国目前经济社会发展已进入一个新阶段，面临着许多新的矛盾和问题，必须树立科学的发展观。“我国人均国内生产总值已达1000美元，按既定的部署和现行汇率计算，到2020年将达到3000美元，这是整个现代化进程中一个非常关键的阶段，也是经济社会结构将发生深刻变化的重要阶段。许多国家的发展进程表明，在这一阶段，有可能出现两种发展结果：一种是搞得好，经济社会继续向前发展，顺利实现工业化、现代化；另一种是搞得不好，往往出现贫富悬殊、失业人口增多、城乡和地区差距拉大、社会矛盾加剧、生态环境恶化等问题，导致经济社会发展长期徘徊不前，甚至出现社会动荡和倒退。”①

1.1.2 人才是人文社会科学发展的主体力量

经济、科技、国力的竞争归根到底是人才的竞争，培养人才是战略性的问题，又是当务之急，邓小平指出：“没有人才什么事情也搞不好。”因此，纵观中国人文社会科学发展历程，人才问题是关键问题，人文社会科学人才是人文社会科学转化为生产力的第一要素②。

在中国现代化建设中，人文社会科学家十分缺乏，远远适应不了经济、社会发展的需要。据有关资料的不精确估算，中国人文社会科学院、

---

① 新华网．温家宝：牢固树立和认真落实科学发展观［EB/OL］．http：//news. xinhuanet. com/newscenter/2004 -02/21/content_ 1325267. htm.

② 刘软梅．社会科学人才队伍建设战略构想［J］．黑龙江社会科学．1999（5）：53 -54.

高等院校、党政部门、党校系统和军队系统构成的人文社会科学的“五路大军”，共有研究机构2000多个，专职研究人员3万多人，从事教学并参加研究的工作人员30多万人，与国家13亿多人口的基数相比，分量甚小，其中能够称得上高水平人文社会科学家的人则更少。从目前的人才队伍状况来分析，各路大军自成体系，缺乏协调，导致人力资源配置不合理、重复劳动，人才资源严重浪费。由于应用性学科人才相对集中，科研成果转化比开发性学科更为直接，而基础性学科的研究人才则相对不足。因此，按传统的文、史、哲、经等学科建制组建，已不适应新时期经济社会发展的需要。再加上“文化大革命”特殊历史时期的影响，造成人才年龄梯次严重断层，无连续性。因此，要繁荣人文社会科学，必须加快高层次人才队伍建设。

如何造就一支高水平的人文社会科学人才队伍，这是时代向我们提出的重要课题。中国政府非常重视人文社会科学人才队伍建设，在《关于进一步繁荣发展哲学社会科学的意见》① 中不仅指出了中国人文社会科学人才培养的重要目标，也总结了培养的历史经验，以及时代发展对人文社会科学人才培养的客观要求。

1.1.3 人文社会科学人才的成长具有规律性

加快实施人才强国战略，目标是通过加强人才培养壮大人才队伍实力。实现这个目标的关键，就是正确把握人才成长规律和人才资源开发规律②。

科学与教育资源是国家与民族的宝贵战略资源，具有稀缺性，其利用绩效直接影响人文社会科学的发展水平和竞争力。因此，应当探寻人才成果产出的最佳时机与阶段。按照生理学的观点，当超过一定年龄之后，一个人的记忆力是随着年龄的增长而衰退的，而人的理解力又是随着年龄的增长而增长的。一个人创造力最好的年代是记忆力最好、理解力最强的年

① 中共中央．关于进一步繁荣发展哲学社会科学的意见［N］．人民日报．2004－03－21.

② 刘能杰．正确把握人才成长规律和人才资源开发规律［J］．求知．2004（7）：6－8.

龄区间。这个阶段的人才既有一定的社会实践，又处于人生精力充沛、思维敏捷、极富有创造力的辉煌时期，他们敢想敢干、勇于创新，思维能力极其活跃。

中国学术界在成果与年龄的关系上，历来存在着“大器早成”论与“大器晚成”论。他们所举的材料是：许思园21岁用英文写作《人性与人之使命》，得到国外多位大师的赞扬与肯定；萧一山不到22岁，完成了让史学界颇为震惊的《清代通史》上卷，等等。让人看到青年人钻进科学的神圣殿堂的壮志雄心。但是，马寅初提出《新人口论》时，已经75岁高龄；卓炯53岁提出社会主义经济是公有制基础上的有计划的商品经济。又体现资历与阅历的重要性。“大器早成”论与“大器晚成”论都有一定的片面性。

所谓“最佳年龄区”，是相对而言的。从总体上，只是说明人文社会科学家群体落在这个年龄区时，做出成果的可能性比较大。但绝对不代表处于这个区域的所有人，都一定能做出成就来。即非最佳年龄区的科学家做出成果的概率较小，并非所有非最佳区域的人文社会科学家都就一定不能做出成就；处于最佳年龄区的人，如果不努力工作，不刻苦钻研，同样会一事无成。

人文社会科学作为专业领域，其创作主体的成长与发展具有规律性，人类长久的人文社会科学发展实践为探索这种规律提供了宝贵的历史经验和研究素材，加上统计与分析等科学技术的进步，当前已具备探索人文社会科学家成长规律的基础条件。同时，自然科学领域已有相关成果研究案例，其基本方法和研究思路可为本选题工作提供有益借鉴。

1.2 研究意义

研究人文社会科学人才年龄与成果产出的时空分布，实际上是对人类文明的积累与建设的作用及其规律性的描述和研究，对于发展人文社会科学，加强人文社会科学人才的培养，提高人力资源利用效率具有重要的理论与实践意义。

1.2.1 理论意义

概括起来说，本文的理论意义具有三点。

（1）促进人力资本理论的深入研究

1960年，美国经济学家舒尔茨首先提出了“人力资本”的概念。所谓人力资本（Humancapital），指体现于人自身的生产知识、技能及健康素质的存量。人力资本作为经济主体创造财富和收入的生产能力，它是体现于劳动者身上的人力、知识和技能的总和，是资本的一种形态①。人力资本是促进社会进步的决定性因素，人力资源开发对发展中国家的经济增长和工业化具有比非人力资本更为关键的意义②。

舒尔茨在对人力资本进行研究时指出，并非物力资本具有成本，人力资本亦如此。因此，在任何投资中，有涉及人力资本投资时，必须考虑人力资本的成本影响，并预估未来收益，在进行成本与收入比较后再做出决策。出于追求利润的目的，人们往往在预期能获得较大收益，且高于投资成本时，才愿进行相关投资。

中国作为发展中国家，科学与教育资源是国家与民族的宝贵战略资源，具有稀缺性，其利用绩效直接影响人文社会科学的发展水平和竞争力。对人文社会科学人才成果高峰年龄规律的分析，探索“最佳年龄区”，在这个时间段内，人的记忆力、理解力以及身体素质达到最佳状态，其做出贡献的可能性也更大。此时对人才的投入，获得收益的可能性最大。从年龄产出视角对人文社会科学家的成长规律的探索，能够将产出量化，最终实现人力资本的投入—产出最大化。因此，这种实践上的创新与理论上的突破，在很大程度上拓宽了人才资本理论的视野。

（2）丰富人力资源开发与管理理论

人才作为知识的载体，应该得到最大程度的尊重，人本思想也应深刻地渗透到社会生活的方方面面。目前中国人文社会科学家队伍出现了资源

---

① 舒尔茨．论人力资本投资［M］．北京：北京经济学院出版社，1990：8－20.

② 贝克尔．人力资本［M］．北京：北京大学出版社，1987：1.

浪费、年龄断层等种种现实问题，人文社会科学发展远远落后世界水平。但是中国目前的实力不能像发达国家那样，对全部人文社会科学家比较平均地使用物力财力。因此，有限的人才投资就有一个相对集中使用的问题，这样可以弥补人才年龄断层的欠缺，赢得一定的发展空间和速度。这些变化对人才资源的管理提出了新的要求，过去那种“一刀切”，有限经费平均分配的管理方式急需改变。

人文社会科学人才在推动社会进步，提供综合国力方面的作用越来越大，处于和平崛起阶段的中国既要考虑自身的经济发展水平又要考虑人才的要求，对人文社会科学人才的科学管理需要有理论指导。也就是要充分发挥最佳年龄区人文社会科学家的积极性，其中包括重点资助和鼓励最佳年龄区的人文社科人才，使其学术观点能“百花齐放”，最大限度地发挥创造力，对社会对人类的文明进程作出更多、更大的贡献。

已有的研究中，对自然科学人才的最佳年龄区进行探索的研究较多，已经有了一些研究结果。国内外已有一些学者就人文社会科学的某一学科、某一方面的人才进行研究，探索他们的最佳年龄区间，但总的说来，还是零散的、不系统的。从年龄成果的角度对人文社会科学人力资源开发与管理理论展开系统、深入的研究，将大大促进该理论的发展，为科学的人才管理提供理论依据。

（3）深化人才强国战略理论认识

“人才”是国家强盛的根本，要实现人才强国战略就必须坚持走“人才兴国”的道路。一个国家的核心竞争力和综合国力的根本是国家里的“人才”，只有重视人才、依靠人才能使国家兴盛、富强。人才资源的多少是决定“人才强国战略”是否能够实现的关键，建设人才强国首先要建设“人才资源强国”，尊重人才，使人才能够充分发挥自己的作用。因此，在开发人力资源的过程中，要不遗余力地从各个途径出发，使各方面的积极性能够被充分发挥，促进中国人力资源战略目标的实现。目前，虽然中国已经是人力资源大国，但因为种种原因，仍然称不上是人力资源强国，因此，要加速二者的转变，打造一支具有宏大规模的人才大军，具有优良的素质、旺盛的精力，在中国的经济发展中发挥决定性作用，并在国际竞争中立于不败之地，成为中国在新世纪里实现新跨越的人才基石。

人才对于国家发展的重要性已经不言而喻，但是在人文社会科学人才的相关研究上，仍有一些重大的理论问题和现实问题没能得到应有的重视。例如，人才的成长规律；人力资源开发投入及资金的有效利用；如何创造优秀人才脱颖而出的环境；如何构建吸引和留住人才的强磁场；如何改革和创新人才资源管理体制，充分发挥人才资源的作用；如何创建科学有效的人才资源激励机制与约束机制，等等。对最佳年龄区的探索和研究，将能够科学的回答这些理论和现实问题，指导中国从人力资源大国向人力资源强国转变，为实现中国的人才强国战略提供科学的理论依据。

1.2.2 实践意义

概括地讲，本文具有三点实践意义。

（1）顺应中国文化软实力建设

随着全球化、信息化发展，文化“软实力”迅速进入人们的视野，成为影响一个国家综合实力以及国际关系的常态力量。① 战略家布热津斯基指出：“控制人类共同命运的因素最终取决于具有重要意义的哲学和文化层面，它形成了指导政治行为的重要观念和思想。”② 江泽民在北戴河“8·7”讲话中，把社会科学的极端重要性上升到了全新的高度来认识，指出：“哲学社会科学的研究能力和成果，也是综合国力的重要组成部分。”

中华文明源远流长，人文社会科学是中华文明的重要组成部分。陈先达指出：“没有高度发展的哲学社会科学，就没有先进文化，就没有文化发展的正确方向和品位，一个国家和民族的理论思维水平，它对社会生活各领域的理论把握的水平，是度量一个国家和民族文化发展的标尺。”③

总体上，中国的人文社会科学事业的发展还不发达，人文社会科学的

---

① 朱有志，胡跃福，马贵舫．推动我国哲学社会科学优秀成果和优秀人才走向世界［J］．社会科学管理与评论．2008（2）：1－6.

② 赵长茂．软实力支撑中国崛起［N］．环球．2005－9－16.

③ 陈先达．繁荣哲学社会科学加强哲学社会科学的人才培养［J］思想理论教育导刊．2001（11）：9－11.

研究成果在增强文化软实力方面的作用尚不显著，在研究水平、研究的深度与广度、研究方法与能力等方面还存在一些不足，尚不能满足中国在国际上的竞争以及支撑经济文化建设的需要。对人文社会科学人才成长规律的探索，根本目的就是通过加强人文社会科学人才培养，促进中国人文社会科学事业的进一步发展和繁荣。

（2）制定科学的人才培养与管理政策

有学者形象地用坐标表示出，社会科学人才队伍的素质水平与成果之高低成正比例关系。有高素质高水平的人才队伍，才能有高水平的社会科学研究成果。①

赵红州教授对自然科学家的成长规律的探索，发现凡是处于科学中心的国家，或者处于科学崛起的前期，杰出科学家队伍都有一个最佳的年龄结构，他们的年龄落在最佳年龄区的概率都是比较大的。并且，各国科学兴隆的时期，大都不自觉地执行了“重点资助最佳年龄区的科学家”的政策。例如，1950 年，科学中心在美国。美国当时非常器重最佳年龄区的科学家，1951 年，39 岁和 47 岁的西博格与麦克米伦获诺贝尔化学奖；1956 年，46 岁和 48 岁的肖克莱和巴登获诺贝尔物理学奖；1957 年，杨振宁和李政道获诺贝尔物理学奖时年仅 35 岁和 31 岁。处于最佳年龄区的科学家在不同岗位上，都肩负着重要的责任。充分发挥最佳年龄区科学家的创造力，实际上已经成为各国科技政策的重要组成部分。

中国政府也一直十分重视最佳年龄区的科学家，1955 年，成立了中国科学院学部委员会，把大批处于最佳年龄区的科学家吸收到中国学术权威机构。自然科学领域的实践经验对人文社会科学的发展有一定的借鉴和指导意义。因此，人文社会科学人才管理，也必须讲究群体的概念和统计规律。政策的重点应当放在最佳年龄区科学家的身上，重点资助处于最佳年龄区的人才。

（3）建立健全人才培养机制

创新人才培养机制。对人才成长规律的探索，发现人才各阶段的特

① 杨植，方一明．管理思路［M］．合肥：安徽人民出版社．1991：45－46.

征，能够针对人才成长的差异性，制定培养规划，创新培养模式，改革培训内容，多渠道、多形式培养各类人才。针对人文社会科学家所从事精神生产的特点，为他们提供必要足够的自由时间，创造良好的社会环境。为最佳年龄区的人文社科人才提供更多的学术交流机会，推动人文社会科学优秀成果与人才走向世界，全面了解中国，了解世界，提高中国人文社会科学的国际化水平，提升研究能力与水平。

创新人才激励机制。人文社会科学与自然科学相比有其特殊性，“自然科学研究相对更需要活跃的思维和敏锐的观察判断能力，而人文社会科学研究则相对更需要知识和社会阅历的积累，其优秀学术成果更能体现厚积薄发的特点”。① 并且，在成果转换方面，人文社会科学“需要通过思想和观念的先导性变革以渗透方式间接的转化为现实生产力，成果转化见效慢，有时还‘看不见’，很难进行量化的测算”。② 人文社会科学家要做出贡献需要长期的积累，甚至在“冷板凳”上坐多年，对科学家的耐心与毅力是一种考验。如果没有完善的激励政策，许多有价值的研究可能半途而废。

激励可以充分发挥人所具有的能力，强有力的人才激励机制对人才的开发和利用具有积极的作用。对处于最佳年龄区的人文社会科学家提供物质和精神上的激励，满足其各方面的需要，才能使科学家摆脱后顾之忧，全身心地投入社会科学研究，最终将处于最佳年龄区的人文社会科学家的成果产出概率最大化。

1.3 研究方法与研究内容

1.3.1 研究方法

本文主要以心理学、人文社会科学哲学、社会学为理论工具，在理论

① 周大亚．学术大师的启示——中国社会科学院学术大师学术年龄特点分析[J]．社会科学管理与评论．2004（1）：41－47.

② 吴静，颜吾佴．高校哲学社会科学人才队伍建设存在的主要问题及对策研究[J]．北京交通大学学报（社会科学版）．2011，10（2）：104－108.

的指导下分析探索事物的内在规律，根据研究特点及内容的需要，在研究过程着重采用3种方法。

（1）文献研究法

分析现有研究成果，厘清人文社会科学人才年龄与成果分布的研究传统，在前人的研究基础上推进本文的研究。本文从阅读中外文献入手，搜索途径主要是所在高校图书馆文献资料库，在中文数据库方面，主要包括万方数据库、清华学术期刊网（CNKI）、人大复印资料、维普数据库等；外文数据库主要为 Academic Research Library、Academic Search Premier（ASP）和 Elsevier（Science Direct On Site，SDOS）、Springer link，JOSTOR，等。除此之外，谷歌学术搜索、百度搜索等网络搜索引擎也为本文提供了部分文献资料。在对国内外已有文献资料进行收集、整理、阅读、整理、分析和总结后，经反复思考、论证，形成本文研究思路。

（2）比较分析法

比较分析法是把客观事物加以比较，以达到认识事物的本质和规律并做出正确的评价。在本文中对比分析15—20世纪的年龄曲线峰值，概括出峰值年龄随时代而变化的规律；对比分析不同学科之间人才成果年龄分布情况，更清晰地揭示出不同学科领域人才成长的共同性与差异性。通过对不同时期人文社会成果绝对量以及比重的比较排序，确定人文强国，探索与描述人文社会中心的转移轨迹，总结归纳出人文强国兴衰模式，竞争追赶模式。对利用不同时期人文强国成果绝对量比较以及相对量的比较，分析人文强国的绝对竞争力和相对竞争力。

（3）统计分析法

应用各种不同的统计分析程序软件，例如SPSS、SAS、EXCEL等对数据资料进行分析。单样本K-S检验是一种非参数检验方法，以数学家柯尔莫哥和斯米诺夫（Kolmogorov-Smirnov）的名字命名。该方法的基本原理是利用样本数据推断样本来自的总体是否服从某一理论分布，是一种拟合优度的检验方法，基于SAS软件中的INSIGHT模块，利用单样本K-S检验方法，对15世纪以来人文社会科学人才总体的年龄数据进行拟合及检验，推论统计出年龄分布的概率函数曲线。利用相同的软件、模型方法统计拟合出人文社会科学各学科人才年龄分布曲线。

基于 Clementine 软件，选择 ARIMA 乘积季节模型，依次经过差分平稳—白噪声检验—模型拟合—参数评估与检验—模型检验整个模型构建过程，分析 15 世纪以来人文社会科学成果超常涌动的周期性。

1.3.2 研究内容

本文分为以下三大部分，共 9 章。

第一部分含第 1、2、3 章。第 1 章，通过分析发展人文社会科学的时代背景、人文社会科学发展的动力主体，提出人文社会科学成果的年龄分布与时空分布研究的理论和现实意义，此外，在本章里还对研究方法、预期创新点予以简要说明。第 2 章，人文社会科学人才成果产出与年龄分布及相关研究综述。主要从成果与年龄的相关性，年龄曲线的形状与“峰值”分布，人文社会科学人才成长机理及差异性，成果产出的影响因子四个方面梳理和介绍国外学者研究概况；提炼国内人文社会科学成果产出相关研究论述中隐含的思想和观点，介绍国内学者的研究概况。第 3 章，研究的理论基础、框架结构与数据采集。本章通过对心理学、社会学、人文社会科学哲学三大学科相关理论进行回顾和梳理，在理论的指导下，形成基本文思路，构建研究逻辑框架，采集研究所需数据，从而为进一步的研究奠定研究框架和分析基础。

第二部分含第 4、5、6、7 章，分析 15 世纪以来人文社会科学人才成果年龄分布与成果时空分布状况。第 4 章，人文社会科学人才成果年龄分布。研究 15 世纪“文艺复兴”时期以来，人文社会科学家做出成果的年龄分布总体状况，描述年龄分布的数学分布模型及其“峰值”年龄。第 5 章，人文社会科学各学科领域内人才成果年龄的分布。从人才成果的角度，通过统计分析，了解各学科的发展状况，探索是否存在学科的革命，以及这种外力对学科发展的作用。第 6 章，人文社会科学成果超常涌动的周期性。研究 15 世纪“文艺复兴”时期以来，产生人文社会科学成果，通过成果密集产出时间序列分析，揭示历史上的人文社会成果涌现的周期时间规律。第 7 章，人文强国的空间分布。研究 15 世纪“文艺复兴”时期以来，人文社会科学重要成果的国家分布，通过理论研究和统计分析，确定世界人文社会科学中心，揭示人文社会科学中心在各国之间的的转移轨迹，以及成为“中心”的国家所具有的共同特征。

第三部分含第8、9章，第8章，统计结果的合理性解释。人文社会科学成果产出的年龄分布、不同学科的峰值年龄、成果产出周期性与成果空间分布四大现象与规律形成的原因非常复杂，本章试图针对统计结果进行逻辑层次上的合理性解释。第9章，总结与展望。总结本文基本观点，已做的工作以及其中的不足，展望人文社会科学人才成长问题研究的未来方向与趋势。

1.4 本文的创新点

本文的创新点有如下四个。

一是以15世纪“文艺复兴”以来的人文社会科学总体为研究对象，时间跨度大，研究对象更为丰富。虽然赵红洲揭示了自然科学人才成长的规律性，但是对人文社会科学人才成长规律性研究，特别是高层次人文社会科学人才成果高峰年龄区间的测定，尚未涉及。本文揭示了人文社会科学人才成果年龄分布的数学分布模型及峰值年龄变化特征。

二是对人文社会科学各学科领域内人才成果年龄分布进行研究，分析各学科人才年龄曲线形状的差异性，以及不同的峰值年龄数据。揭示人文社会科学各学科的内在属性对人才成长所造成的影响，了解各学科的发展状况。

三是将人文社会科学与数学、统计学方法相结合，通过建立数学模型，利用相关统计软件SAS编程，用ARIMA模型拟合研究方法分析15世纪以来人文社会科学成果超常涌动的周期性。研究结论更加科学，更为可靠。

四是用比较方法，并借助EXCEL软件揭示人文社会科学中心在各国之间的转移轨迹，通过理论研究和统计分析，确定世界人文强国，总结人文强国的兴衰模式、追赶模式、强国竞争力等特征。

2 国内外相关研究综述

2.1 国外文献综述

从 1953 年开始，人文社会科学的成果产出与年龄分布的问题引起了学界广泛关注。半个世纪以来，学者之间展开了激烈争论，对成果与年龄的关系进行了各种推测与描述，相关文献不断丰富。从研究整个学术领域内的成果与年龄关系，到分析人文社会科学人才成长规律，以及不断深入研究人文社会科学各学科领域内的人才成长，研究问题层层深入。其中，美国与欧洲学者的研究最为深入，学者们的研究呈现两大特色，一部分学者通过案例进行实证研究，另外一部分学者则探索构建理论模型。

人文社会科学对应的英文单词为 Humanity 与 Social Science。人文与社会科学之间的学科界限非常模糊，很难清晰界定，因此，两者常作为一个整体表述（Humanity & Social Science），以与自然科学（Natural Science）相对应。这里，选用关键词 Humanity、Social Science、Researchers、Scholars、Age、Life Cycle，通过对 Academic Research Library、Academic Search Premier（ASP）和 Elsevier（Science Direct On Site，SDOS）、Springer Link、JOSTOR、Google 学术等数据库交叉检索和变换关键词检索发现，截止到 2012 年 7 月 10 日，共得到文献 115 篇。对 115 篇文章逐一进行阅读筛选，其中直接相关的论文只有 11 篇。之后，对这 11 篇文章的参考文献进行分析，采取文献追溯法，共得到与本主题相关文献 51 篇。这些文献主要集中在成果年龄分布、人才成长规律以及影响因子等方面。

2.1.1 成果与年龄的相关性问题

成果与年龄的关系问题很早就引起学者的关注，Dean K. Simonton、Stephen Cole、Richard A. Wanner 等对此进行了颇有价值的讨论和分析。

Lehman（1953）最早指出，很大部分的人文学者，在 25 岁之前就取得重要的成绩；并认为在一般情况下，早取得成绩的学者比后取得者作品质量更高，并且产量也更好①。Dalen（1999）在《诺贝尔经济学家的黄金年龄》一文中指出，“年龄是决定成果的重要因素，经济学是年轻人的‘游戏’”。② McCann（2001）对政治领导人的年龄与成果实证研究进一步发现，较早取得成就的政治领导人，寿命较短。同时，根据对获得诺贝尔奖的文学家与经济学家的研究结果表明，同样存在“早高升将带来早陨落”的现象③。

Sharon（1971）通过实证研究发现，在人文与社会科学领域，学者的成果与年龄正相关，即成果随年龄增长而增加，但在数学和自然科学领域，年龄与成果成反比例关系④。Wanner，Lewis（1981）等通过援引梅尔泽（Meltzer），丹尼斯（Dennis）等多位学者的研究，指出年龄是决定成果产出的一个重要非学术因素⑤。Stephan，Levin（1993）也认为，年龄是影响产量的复杂的因素之一⑥。

---

① Lehman. H. C. Age and Achievement. in Harry R. Moody. Aging – Concepts and Controversies. California：Pine Forge Press. 1994. P. 372 – 377.

② Dalen，H. P.，The Golden Age of Nobel Economists［J］. American Economist，1999，43（2）：19 – 35.

③ McCann，S. J. H. The Precocity – Longevity Hypothesis：Earlier Peaks In Career Achievement Predict Shorter Lives［J］. Society for Personality and Social Psychology，2001，27（11）：1429 – 1439.

④ Sharon，A. T.，Adult Academic Achievement in Relation to Formal Education and Age［J］. The Adult Education Quarterly，1971（6）：231 – 237.

⑤ Wanner，R. A.，Lewis，L. S.，Gregorio，D. I.，Research Productivity in Academia：A Comparative Study of the Sciences，Social Sciences and Humanities［J］. Sociology of Education，1981，54（4）：238 – 253.

⑥ Stephan，P. E.，Sharon G. Levin. Age And the Nobel Prize Revisited［J］. Scientometrics，1993，28（3）：387 – 399.

对该领域具有深刻研究的Simonton（1988a）从纯逻辑角度，概括了年龄与成果之间三种特色鲜明的关系：其一，学者在非同寻常年轻时期就开始在学术领域做出杰出的贡献；其二，学者倾其一生心血在晚年取得令人瞩目的成果；其三，学者一生都保持着较高的学术产出，未展现出学术职业明确的开端和结尾。并且，还通过数学公式来展现这三者之间的关系。

$O=R\times(L-P)$，O代表学者的终身成就，R代表学者在学术生涯的平均生产率，P表示学术生涯开始时的年龄，L则表示学术生涯结束时的年龄①。

Simonton（1988）引述Alber、Bloom和Clemente等多位学者的实证研究，论证上述年龄与成果的关系。他认为，一方面，学者的终身成就与学术生涯开端与终结的年龄，以及平均出产率三者关系密切。在学术生涯末期做了最大贡献的学者，他们年纪很小时就开始做学术研究，年纪很大之后才停止学术工作，并且他们一生都保持较高的成果产出率。另一方面，学术生涯开端与终结的年龄、平均生产率之间相互联系。早年就取得成就的学者，年老时也会取得巨大成果，并且两者都可能与该年龄段的高产出率有关。

以上学者从不同方面分析了年龄与成果的关系，但是也有学者通过研究发现两者之间并不存在相关性。

Halsey，Trow（1971）在对英国学者的分析中发现，在人文社会科学领域，年长学者的成果产出量并不低于年轻的学者②。Cole（1979）对包含心理学和社会学在内的六个学科进行实证分析，得出年龄与研究成果的质量和数量只有微弱的关系，并指出科研能力不会随着年龄增长出现非常明显的下降，因此，年龄只是影响学者成果的非常小的因素③。

① Simonton，D. K.，Age and Outstanding Achievement：What Do We Know after A Century Of Research？［J］. Psychological Bulletin，1988a，104（2）：251－267.

② Halsey，A. H.，Trow M.，The British Academics［M］. Harvard University Press（Cambridge），London，1971.

③ Cole，S. Age and Scientific Performance［J］. American Journal of Sociology，1979，84（4）：958－977.

Heeringen 和 Dijkwel（1987）研究指出在物理、化学等自然学科中，成果随年龄增长而出现明显的减少，而经济学领域，年龄与成果产出没有关系①。Kyvik（1989，1990）指出，社会科学是唯一的一个领域，在该领域中年龄对成果产出没有影响②③。Wallner（2003）等对维也纳大学的成果产出进行研究，表明：人文学者的产出率与年龄没有明显的关系④。

Over（1982）对英国大学的心理学家进行研究，得出：对同一组心理学家 1978—1980 年的产出要低于 1967—1970 年，并且指出心理学家的成果产出的减少不是因为年龄的关系，而是和研究动力有关⑤。与此观点相同，Simonton（1991）对艺术家的案例研究，指出：职业生涯的轨迹并不是完全随年龄的变化而变化，它需要个人内在的创作潜力，这种潜力来自于学者的自我意识的发挥⑥。

2.1.2 年龄曲线的形状与“峰值”分布

年龄曲线反应了人文社会科学家的成果产出随年龄变化的规律，对于加强人文社会科学人才的培养，提高人力资源利用效率具有重要的理论与实践意义。

（1）年龄曲线的形状

年龄曲线反映了成果随年龄变动的趋势。年龄曲线的变化受多种情况的影响，Lehman（1953）总结了三点，即成果所属的类型，对优秀成果的

---

① Heeringen，A. V.，Dijkwel，P. A.，The Relationships Between Age，Mobility and Scientific Productivity. Part 2［J］. Scientometrics，1987（11）：281－293.

② Kyvik，S.，Productivity Differences，Fields of Learning，and Lotka’s Law［J］. Scientometrics 1989，15（3－4）：205－214.

③ Kyvik，S.，Age and Scientific Productivity. Differences between Fields of Learning［J］. Higher Education，1990（19）：37－55.

④ Wallner，B. Age Profile，Personnel Costs and Scientific Productivity at the University of Vienna［J］. Scientometrics 2003：144－153.

⑤ Over，R.，Does Research Productivity Decline with Age?［J］. Higher Education，1982，11（5）：511－520.

⑥ Simonton，D. K.，Creative Productivity through the Adult Years［J］. Generations，1991，15（Spring）：13－16.

定义和测量方法的选取。在之前学者的研究中，成果与年龄的定义不同，会形成不同的年龄曲线①。Simonton（1988a）总结提出了，年龄曲线的二阶多项式：p（t）$=b_1+b_2t+b_3t_2$，p（t）表示成果产量，b_i表示产量在年龄 t 点的回归系数，t 在此指实际年龄②。

Lehman（1953）将作品的质量作为判断标准③，而 Dennis（1966）提出，用学者的成果产出量作为衡量不同年龄段成果的标准，得到了变化更为平缓的年龄曲线④。Bayer 和 Dutton（1977）从作品的产量与作品影响力两方面对年龄曲线进行描述，同时还指出要区分“实际年龄”与“学术年龄”⑤。Simonton（1988）总结指出，年龄与成果的关系曲线形状，取决于我们如何定义“成果”。

Simonton（1975a）在研究年龄与文学创作的关系时，指出成果的评价标准有两方面，一方面在历史学、人类学等学科，评价标准是作品被他人引用的次数，另外一种标准是一些资料的排行榜⑥。Simonton（1975a）在研究经典音乐作曲家的年龄曲线时，从音乐主题与音乐作品两个方面分析作曲家的成果，得出了不同的结论，并探讨了用优秀作品占全部作品的比例作为标准，年龄曲线变化情况⑦。Kozbelt（2008）将古典音乐的作曲家，

---

① Lehman，H. C. Age and Achievement. in Harry R. Moody. Aging – Concepts and Controversies［M］. California：Pine Forge Press. 1994. P. 372 – 377.

② Simonton，D. K.，Age and Outstanding Achievement：What Do We Know after A Century Of Research?［J］. Psychological Bulletin，1988a，104（2）：251 – 267.

③ Lehman，H. C. Age and Achievement. in Harry R. Moody. Aging – Concepts and Controversies［M］. California：Pine Forge Press. 1994. P. 372 – 377.

④ Dennis，W.，Creative Productivity between the Ages of 20 and 80 Years［J］. Journal of Geronotology. 1966：1 – 8.

⑤ Bayer，A. E.，Dutton，J. E.，Career Age and Research – Professional Activities of Academic Scientists：Tests of Alternative［J］. The Journal of Higher Education，1977，48（3）：259 – 282.

⑥ Simonton，D. K. Age and Literary Creativity：Across – Cultural and Tran historical Survey［J］. Journal of Cross – Culture Psychology，September 1975a，6（3）：259 – 277.

⑦ Simonton，D. K.，Creative Productivity，Age，and Stress：A Biographical Time – Series Analysis Of 10 Classical Composers［J］. Journal of Personality and Social Psychology，1977a 35：791 – 804.

按其成果的类型分为两类，终生只有一部杰出的作品的作曲家，另一种，一生有多部杰出作品的作曲家①。Galenson（2009）将学者分为两类："实践创新者"（Experimental Innovators）与"概念创新者"（Conceptual Innovators），他们的年龄轨迹也具有差异性②。

在研究方法上，横向数据与纵向数据的不同选择，也会影响最终所得的年龄曲线的形状，如 Over（1982），Heeringen 和 Dijkwel 研究指出，采取纵向数据忽略了时代的差异性，而横向数据忽略群体间的差异，研究还发现，如果采用横向数据，会出现"双峰"特征的年龄曲线，如是纵向数据，年龄曲线为"单峰"③④。

多位学者就年龄与成果的关系进行了研究，得到了不同形状的年龄曲线，概括起来大体有三种类型。

第一种是单峰的年龄曲线，即成果产出率随着年龄不断增加，达到高峰后，开始呈现下降趋势，概括起来是一种"倒—U"型的趋势。例如，Lehman（1953）、Cole（1979），Oster 和 Hamermesh（1998）对经济学的研究认为"经济学是年轻人的游戏"⑤，另外，K. Simonton（1977）通过案例研究发现了与"倒—U"型稍有区别"倒—反—J"型，即，成果产出量达到高峰后，随着年龄出现下滑，但是不会下滑到学术生涯开始时的产出水平⑥。

---

① Kozbelt, A., One - hit Wonders in Classical Music: Evidence and An Explanation for An Early Career Peak [J]. Creativity Research Journal, 2008, 20 (2): 441 - 446.

② Galenson, D. W., Old Masters and Young Geniuses: The Two Life Cycles of Human Creativity [J]. Journal of Applied Economics, 2009 (5): 1 - 9.

③ Over, R., Does Research Productivity Decline with Age? [J]. Higher Education, 1982, 11 (5): 511 - 520.

④ Heeringen, A. V., Dijkwel, P. A., The Relationships Between Age, Mobility and Scientific Productivity. Part 2 [J]. Scientometrics, 1987 (11): 281 - 293.

⑤ Oster, S. M., Hamermesh, D. S., Aging and Productivity among Economists [J]. The Review of Economics and Statistics, 1998, 80 (1): 154 - 156.

⑥ Simonton, D. K., Creative Productivity, Age, and Stress: A Biographical Time - Series Analysis Of 10 Classical Composers [J]. Journal of Personality and Social Psychology, 1977a 35: 791 - 804.

第二种形状是“双峰”型，在年龄曲线上出现两次高峰。“双峰”曲线也分两种情况，一种是在第二个高峰过后出现下滑，BayerDutton（1977）对年龄曲线做了多种模型假设，最终验证结果表明，在心理学、经济学和社会学领域学科的年龄曲线呈现“马鞍形”特征。Goodwin（1995）以140位经济学终身教授为案例研究，指出产量在生命周期中的分布是“驼峰形”①。另一种情况是在学者生命周期的尽头出现第二次高峰，例如Simonton（1989）在对172个古典作曲家的研究发现，存在“最后作品”的现象，也就是说，在作曲家即将去世的时候创作出来的作品②。Simonton（1991）提出，创造性的成果在学者晚年，尤其是濒临生命终结的时候出现③。

第三种是线性关系，Simonton（1977）对10个古典作曲家进行案例分析，将优秀作品占全部作品的比例作为衡量“成果”的标准，探讨“成果”随年龄变化的趋势，得到一条水平的年龄曲线，优秀作品占全部作品的比例是个常数，不随年龄而发生变化，存在一种“持续稳定概率的成功”模式④。Diamond（1984）从经济学的视角，强调“无论是在成果产出数量还是每篇文章的质量（或者两者兼有）会随着年龄出现下滑”⑤。Dalen（1999）根据对诺贝尔经济学家的实证研究表明，杰出的经济学家与一般经济学家的年龄轨迹不同，他们的成就一开始就在较高的水平上，并长时间保持高水平，不会随年龄出现下滑⑥。

---

① Goodwin, T. H., Life Cycle Productivity in Academic Research: Evidence from Cumulative Publication Histories of Academic Economists [J]. Southern Economic Journal, 1995, 61 (3): 728-743.

② Simonton, D. K. The Swan-Song Phenomenon: Last-Works Effects for 172 Classical Composers [J]. Psychology and Aging, 1989b (4): 42-47.

③ Simonton, D. K., Creative Productivity through the Adult Years [J]. Generations, 1991, 15 (Spring): 13-16.

④ Simonton, D. K., Creative Productivity, Age, and Stress: A Biographical Time-Series Analysis of 10 Classical Composers [J]. Journal of Personality and Social Psychology, 1977a 35: 791-804.

⑤ Diamond, A. M.. Jr., An Economic Model of the Life-Cycle Research Productivity of Scientists [J]. Scientometrics. 1984, 6 (3): 189-196.

⑥ Dalen, H. P., The Golden Age of Nobel Economists [J]. American Economist, 1999, 43 (2): 19-35.

(2) 年龄曲线的"峰值"

年龄曲线存在"单峰"与"双峰"的特征，很多学者对年龄曲线的峰值所对应的年龄进行统计分析。由于样本数据、方法等方面的差异，学者得出不同的"峰值"数据。

有些学者将人文社会科学作为一个整体进行研究，分析人文社会科学家的成果高峰期年龄分布。Bayer 和 Dutton（1977）从学术年龄，或职业年龄角度，概括学者的年龄变化规律（见表 2－1），并根据统计结果，以数量为标准得出结论：学者在职业年龄的 5～10 年，以及从事学术的 5～10 年出现产量高峰①。Kyvik（1990）采用横向数据，将学者按年龄段分组，经研究发现，人文社会科学与自然科学领域成果产出量最高的是在 40～44 岁年龄组；社会科学领域产量在各年龄段之间变动较为平稳，但在人文科学领域，55～59 岁年龄组产量出现下滑②。Stephan 和 Levin（1993）指出，年龄有不同阶段的特征，40 岁左右是一个"重塑"时期，学者可以将自己的所学构建或者重构人生③。

表 2－1　学者成长阶段与职业年龄分布表

成长阶段	幼年期 Fledgling	成熟期 Maturing	稳定期 Established	元老 Patriarchs
职业年龄（岁）	0～4	5～10	11～25	25 以上

另外有一些学者重点分析人文社会科学中分支学科的年龄曲线变化规律，并得到不同的"峰值"数据。Lehman（1953）指出：在多数的音乐类型中，优秀作品的平均产出率最高出现在 30～39 岁，例如，乐器演奏者成果产出率高峰在 25～29 岁，独唱（30～34 岁），交响乐（30～34 岁），室内乐

① Bayer, A. E., Dutton, J. E., Career Age and Research – Professional Activities of Academic Scientists: Tests of Alternative [J]. The Journal of Higher Education, 1977, 48 (3): 259－282.

② Kyvik, S., Age and Scientific Productivity. Differences between Fields of Learning [J]. Higher Education, 1990 (19): 37－55.

③ Stephan, P. E., Sharon G. Levin. Age And the Nobel Prize Revisited [J]. Scientometrics, 1993, 28 (3): 387－399.

(35~39 岁), 管弦乐 (35~39 岁), 大歌剧 (35~39 岁), 合唱 (40~44 岁), 小型歌剧和音乐剧 (40~44 岁)。他认为, 以 "最佳作品" 作为衡量成果的标准, 文学创作者的成果产出高峰出现在 45 岁之前①。

Dennis (1966) 以 20 岁开始的每 10 年为一个时间点, 对英语语系的历史学、哲学、神学以及音乐与文学领域的学者进行分析, 得出了 20~70 岁的产量变化情况: 在 20~29 岁, 除一些艺术领域 20 岁比 70 岁产量更高之外, 在其他领域, 20~29 岁是最低产的阶段; 40~49 岁是一个高产期, 如神学、音乐与文学领域的学者最高产的十年绝大多数是 40~49 岁, 其中, 神学家的高产期持续到 59 岁, 室内音乐学科的高产期在 30~39 岁, 小说的高产期为 50~59 岁, 历史与哲学家的高产期到来的比较晚, 一般在 60~69 岁; 对历史学、哲学与神学家来说, 70~79 岁之间的成果产出, 依然保持较高的水平, 但是在音乐和文学领域, 学者的产出率大幅下降②。

Simonton (1975a) 的研究揭示了文学作品的产出规律, 想象型散文作家的高峰期是 42.6 岁, 想象型诗人的高峰期为 38.5 岁, 但是现实性散文作家的高峰要比较晚, 一般在 50.3 岁③。Over (1982) 发现: 心理学家在 45 岁之后产量会逐渐下降④。Simonton (1977) 以 5 年为一个时间点, 指出, 如果用音乐作品总量作为衡量标准, 高峰期出现在 45~49 岁, 若衡量主题音乐的产量高峰, 峰值落在 30~34 岁。即音乐作曲家的作品高峰出现晚于主题高峰⑤。Simonton (2007) 从 "概念创新" "实践创新" 两个角度, 对 11 位诗人与 12 位小说家的模型分析, 得出: 概念型诗人、小说家,

---

① Lehman, H. C.. Age and Achievement. in Harry R. Moody. Aging - Concepts and Controversies [M] California: Pine ForgePress. 1994. P. 372 - 377.

② Dennis, W., Creative Productivity between the Ages of 20 and 80 Years [J]. Journal of Geronotology. 1966: 1 - 8.

③ Simonton, D. K. Age and Literary Creativity—Across - Cultural And Tran historical Survey [J]. Journal of Cross - Culture Psychology, September 1975a, 6 (3): 259 - 277.

④ Over, R., Does Research Productivity Decline with Age? [J]. Higher Education, 1982: 11 (5): 511 - 520.

⑤ Simonton, D. K., Creative Productivity, Age, and Stress: A Biographical Time - Series Analysis Of 10 Classical Composers [J]. Journal of Personality and Social Psychology, 1977a 35: 791 - 804.

经验型诗人、小说家的最杰出的作品产出的年龄分别是28岁与34岁、38岁与44岁①。

Kozbelt（2008）引用Simonton的研究证明：古典音乐家的产量峰值在40岁，对于一举成名，终身只有一部优秀作品的音乐家来说，这部音乐作品也往往产自于音乐家40岁左右。并且进一步指出，终身靠一部作品知名的作曲家一生多产的作曲家相比，在更年轻的时候就取得成果的高峰②。

Shin和Putnam（1982）对1901—1975年获得诺贝尔奖的学者年龄进行分析，结果发现，诺贝尔文学奖的获得者平均年龄62岁，比除了文学奖的其他奖项平均年龄大10岁③。Oster与Hamermesh（1998）对经济学的实证分析表明，作品主要集中在36~50岁的年龄区间④。Dalen（1999）认为，诺贝尔经济学家最杰出的作品产生于黄金年龄即29~38岁⑤。Galenson和Weinberg（2005）对诺贝尔经济学奖获得者的年龄曲线进行测度，以全部作品每年的引用率作为成果的指标，发现，“概念型”经济学家的成果高峰年龄是43岁，而“经验型”学者的成果高峰是61岁⑥。

2.1.3 人文社会科学的人才成长机理及差异性

每个人的成长轨迹有各自的独特之处，且在不同阶段有着不同的心理和生理特点，这些内在的心理与生理因素，如何影响人才的成果产出年

① Simonton, D. K., Creative Life Cycles in Literature: Poets Versus Novelists or Conceptualists Versus Experimentalists? [J]. Psychology of Aesthetics, Creativity, and the Arts, 1 (3) 2007, 133-139.

② Kozbelt, A., One-hit Wonders in Classical Music: Evidence and An Explanation for An Early Career Peak [J]. Creativity Research Journal, 2008, 20 (2): 441-446.

③ Shin, K. E., Putnam, R. H., Age and Academic-Professional Honors [J]. Journal of Gerontology, 1982, 37 (20): 220-229.

④ Oster, S. M., Hamermesh, D. S., Aging and Productivity among Economists [J]. The Review of Economics and Statistics, 1998, 80 (1): 154-156.

⑤ Dalen, H. P., The Golden Age of Nobel Economists [J]. American Economist, 1999, 43 (2): 19-35.

⑥ Galenson, D. W., Weinberg, B. A., Creative Careers: The Life Cycles of Nobel Laureates in Economics [EB/OL] http://www.nber.org/papers/w11799.pdf? new_window=1.

龄，目前，已有学者就此进行了讨论，内容主要包括四个方面。

（1）双因素论

Beard（1874）指出，创造力有两个潜在的影响因素：热情与经验。热情能够为持续的工作提供动力，经验能使人有更强辨别能力，并且更加理性。两者之间要寻求一种平衡的关系，如果只有热情没有经验，则创新只能停留在原始的状态；反之，只有经验的话，只能做出一些常规性的产品，缺乏创新。热情一般在人的一生早期达到顶峰，然后稳步下降，而经验随着人的年龄增长而不断增长。因此，在38~40岁是两者都发挥作用的最佳时期①。

双因素说不仅描述了年龄曲线的形状，而且可以解释出现不同年龄高峰的原因，Dennis（1966）的实证研究发现，诗歌的创作更需要激情，小说就偏重经验，因此，诗人的成才高峰早于小说家②。Simonton（1977）的实证分析得出相同结论：音乐主题创作需要激情，成果高峰出现较早，而音乐作品更需要经验，其高峰出现较晚③。

（2）积累优势理论

Merton（1988）最早提出积累优势理论，指出："积累优势，是指这样一种社会过程，通过这一过程科学研究的各种机会以及随之而来的对成果的象征性的与物质性的奖励，倾向于为某些科学家个人或科研组织所积累。"④从本质上讲就是通过这一过程，使"富者更富，穷者更穷"。Zuckerman（1988）对积累优势做了更为详细的解释：其一，早期获得的资源，对个人的发展非常重要，并且越早获得资源，越早有机会领先于同龄人；其二，积累优势产生一个成就与奖励互动的螺旋式上升结构，奖励可以转

---

① Beard, G. M., Legal Responsibility in Old Age [M]. Russell Sage Foundation. New York, 1874: 5-42.

② Dennis, W., Creative Productivity between the Ages of 20 and 80 Years [J]. Journal of Geronotology. 1966: 1-8.

③ Simonton, D. K., Creative Productivity, Age, and Stress: A Biographical Time-Series Analysis Of 10 Classical Composers [J]. Journal of Personality and Social Psychology, 1977a 35: 791-804.

④ Merton, R. K., The Matthew Effect in Science, Ⅱ Cumulative Advantage and the Symbolism of Intellectual Property [J]. ISIS, 1988, 79: 606, 607, 618, 619.

化成取得进一步成就的资源；其三，在职业生涯中，科学家在不同的阶段遇到的各种机遇，从某种意义上看可以反映出他们在其研究领域中取得的成就；其四，在奖励制度和资源分配标准设计上，科学家在过去取得的成绩成为主要标准，这使得受益人和非受益人之间因所取得成就的不同而产生的差距愈拉愈大；最后，因不断积累而产生的优势效应，将促使人们对奖励和成就之间的关系更加关注，并进而关注成就、奖励和获得科学生产的手段之间的持续互动①。

许多学者通过实证研究，分析了人文社会科学人才成长过程中的积累优势。Lehman（1953）指出：一般情况下，早出成果的学者，在作品的质量和数量上都优于晚出成果的人②。Clement（1973）对社会学家的研究发现，早期的创作表现与兴趣，与后期的成就关系密切③。Allison 和 Stewart（1974）对美国大学的学者进行样本分析，指出，缺乏学术认同的学者的成果产量逐渐减少，只有得到同行正面反馈信息的学者，才能在整个学术生涯中持续高产④。Simonton（1975a）对诗歌、散文两种文学创作类型的研究表明，知名度与产出年龄密切相关，也就是说，引用率最高，最著名的作品可能往往是被知名的学者所创作的⑤。Wanner（1982）等对自然科学，人文与社会科学进行了对比研究，指出对人文与社会科学学者来说，高知名度，多次受到奖励，会增加书籍的出版量⑥。Kyvik（1990）通过实

---

① Zuckerman, H., Sociology of Science [M]. Handbook of Sociology, Newbury Park, Calif. Sage Publications, 1988: 527, 531.

② Lehman, H. Age and Achievement [M]. Princeton University Press, 1953. Published by: . Harry R. Moody. Aging - Conceptsand Controversies [M] Pine Forge Press. 1994: 372 - 377.

③ Clement, F., Early Determinants of Research Productivity. [J]. American Journal of Sociology, 1973, 79 (9): 409 - 419.

④ Allison, P. D., Stewart, J. A., Productivity Differences among Scientists: Evidence for Accumulative Advantage [J]. American Sociological Review, 1974, 39 (4): 596 - 606.

⑤ Simonton, D. K. Age And Literary Creativity—Across - Cultural And Tran historical Survey [J]. Journal of Cross - Culture Psychology, September 1975a, 6 (3): 259 - 277.

⑥ Wanner, R. A., Lewis, L. S., Gregorio, D. I., Research Productivity in Academia: A Comparative Study of the Sciences, Social Sciences and Humanities [J]. Sociology of Education, 1981, 54 (4): 238 - 253.

证分析，证明在各学科“积累优势”对成果产出存在影响，但是作者又强调，这个结果不能作为明确的结论，中间有可能还伴随着生理变化的变量没有考虑到①。

（3）经济学视角

Diamond（1984）将经济学的知识运用到创新领域，针对人才成果产出规律，提出了一个“简单人力资本投资模型”。该模型中，将学者视为追求收入总量最大化的“经济人”，得出结论：“无论是在成果产出数量还是每篇文章的质量（或者两者兼有）会随着年龄出现下滑。”并认为人内在的对成就的追求来自于外在的诱力②。Simonton（1988a）认为，人的行为受内在力量的驱动，外在的刺激，可能变成人类内在的认知意向③。

Carayol 和 Matt（2006）对欧洲知名大学路易·巴斯德（Louis Pasteur）的案例研究进一步说明个人追求随外部刺激的变化状况，研究指出：凭借学术成果，学者在学术生涯中期都会有一次升迁的机会，升迁意味着更高的工资和社会地位，因此，激发了人们的科研动力，但是一旦得到想要的职位，激情与动力就会减退④。

但是，Kyvik（1990）在研究中指出，其研究结果并不能简单说明学者“经济人”属性与产量的关系。大量案例表明，教授具有学校最高的学术地位，但是他们到年老的阶段，相对于副教授和助理教授来说，依然最高产⑤。

（4）多因素的随机组合

Simonton（1988b）将 Campbell 提出想法发展成为一套理论体系，简单

---

① Kyvik，S.，Age and Scientific Productivity. Differences between Fields of Learning［J］. Higher Education，1990（19）：37 – 55.

② Diamond，A. M. Jr.，An Economic Model of the Life – Cycle Research Productivity of Scientists［J］. Scientometrics. 1984，6（3）：189 – 196.

③ Simonton，D. K.，Age and Outstanding Achievement：What Do We Know after A Century Of Research?［J］. Psychological Bulletin，1988a，104（2）：251 – 267.

④ Carayol，N.，Matt，M.，Individual and Collective Determinants of Academic Scientists' Productivity［J］. Information Economics and Policy，2006，18：，55 – 72.

⑤ Kyvik，S.，Age and Scientific Productivity. Differences between Fields of Learning［J］. Higher Education，1990（19）：37 – 55.

说就是：创作的过程一开始就是各种精神元素的随机组合排列，从这些元素中被选择形成一个小概率的稳定组合，例如，暗喻、明喻、类比与模型①。Simonton（1988a）又利用该“机会组合”理论进行一系列更加细致、正规，以及数学模型的方法解释和探讨取得优秀成果的关键因素。将个人创新需要分为两个阶段②：第一阶段，应该具备“创新潜能”，其杂乱地存在于产生创新“构思”（Ideation）过程中，即观点从潜意识到基本形成。第二阶段，将构思整理后，经过复杂的程序，变成成熟的作品。并提出了模型 p（t） =c（e－at－e－bt），此时成果在年龄 t 点的数量受两个潜在变量的影响，a 即构思产生率，b 即制作率。a 与 b 决定了年龄曲线的形状，当构思与制作的比率都很高的学科，会出现产量的年龄早高峰以及高峰过后迅速的下滑，反之，在两个参数较小的领域，波峰较为平缓，并且高峰过后的下降趋势也不明显。

除上述四种理论解释外，还有一些学者从不同方面分析了人才成长的影响因素。Barron 和 Harrington（1981）提出了与创新有关的多种个性因素，即审美观、广泛的兴趣、专注度、激情、独立判断力、主动、敏感、自信等③。Dalen（1999）总结了经济学领域年轻学者的个人特征：独立的思维能力与冒险精神；活跃在圈子里，易接触到前沿；注重基础研究④。McCann（2001）引用 M. Friedman 和 Rosenman 等对 A－B 型人性理论的分析，通过实证研究证明，激进、不畏惧困难，迎难而上的 A 型人，行动的速度更快，能够更快速地达到目标，但是寿命也相对较短⑤。Wanner

---

① Simonton, D. K., Scientific Genius: A Psychology Of Science [M]. Cambridge University Press. Cambridge, England: . 1988b.

② Simonton, D. K. Age and Outstanding Achievement: What Do We Know after A Century Of Research? [J]. Psychological Bulletin, 1988a, 104 (2): 251－267.

③ Harrington, F., Barron, D., Creativity, Intelligence, and Personality [J]. Annual Revisers of Psychology, 1981, 32: 439－476.

④ Dalen, H. P., The Golden Age of Nobel Economists [J]. American Economist, 1999, 43 (2): 19－35.

⑤ McCann, S. J. H. The Precocity－Longevity Hypothesis: Earlier Peaks In Career Achievement Predict Shorter Lives [J]. Society for Personality and Social Psychology, 2001, 27 (11): 1429－1439.

(1981) 等指出，学者成果产出差异性的原因有两个，即个人的学术素养和学术动力；强调不同的能力、动力、耐力与态度导致不同的成果①。Simonton (2008) 认为天赋与未来的成就成正比②。Nasir 和 Masrur (2010) 通过实证分析，认为学术成果不尽受智商的影响，还受到情商的影响③。

需要强调指出，国外学者对人文社会科学家有许多个案研究，如对马克思 (Karl H. Marx)、恩格斯 (Friedrich V. Engels)、韦伯 (Wilhelm E. Webcr)、凯恩斯 (John M. Keynes)、亚当·斯密 (Adam Smith)、熊彼特 (Joseph A. Schumpeter)、弗里德曼 (Milton Friedman)，以及康德 (Immanuel Kant)、尼采 (Friedrich W. Nietzsche)、弗洛伊德 (Sigmund Freud)、马克·吐温 (Mark Twain)、简·奥斯汀 (Jane Austen)、海明威 (Ernest M. Hemingway) 等的专题研究。这些研究分布在人物传记、专著和学术论文中，文献浩如烟海，难以计量。这些研究对人文社会科学人才成果的年龄分布、成果的类型与意义等进行了深入的分析，蕴含了人文社会科学人才从个体童年时代、求学经历、家庭生活、以及成果产出过程等丰富的人才成长机理信息。

2.1.4 人文社会科学成果产出的影响因子

人文社会科学学者在成长的过程中会受到外界各种因素的影响，这些因素是如何影响到人文社会科学成果产出的，很多学者就此提出自己的观点和看法。莱曼 Lehman (1953) 提出了 16 条关于早期容易出成果的原因，这些因素绝大部分与外部环境的影响有关④。之后，学者们从不同角度对

---

① Wanner, R. A., Lewis, L. S., Gregorio, D. I., Research Productivity in Academia: A Comparative Study of the Sciences, Social Sciences and Humanities [J]. Sociology of Education, 1981, 54 (4): 238 – 253.

② Simonton, D. K., Childhood Giftedness and Adulthood Genius: A Historiometric Analysis of 291 Eminent African Americans [J]. Gifted Child Quarterly 2008, 52 (3): 243 – 255.

③ Nasir M., Masrur R., An Exploration of Emotional Intelligence of the Students of IIUI in Relation to Gender, Age and Academic Achievement [J]. Bulletin of Education and Research, 2010, 31 (6): 37 – 51.

④ Lehman, H. Age and Achievement [M]. Princeton University Press, 1953. Published by: Harry R. Moody. Aging – Conceptsand Controversies [M] Pine Forge Press. 1994: 372 – 377.

产出的影响因子进行分析。

（1）学科特征

Dennis（1966）认为出现不同年龄高峰的一个重要原因是，学科之间和学科内部存在差异。作者进一步分析了学科的不同特征：一些领域很容易能够找到合作者或者是助手，但是另外一些领域就要靠个人的能力；一些工作需要对数据或者材料进行收集、储存与分类，而有些领域不需要这样的工作；一些学科要求学者不断地修订、详细或者重新开始他们的最初观点①。

Cole（1979）援引 Zuckerman，Merton 提出的根据知识的编纂程度，对学科进行了归类，编纂程度指知识能够编纂成理论，并且能够用数学的语言表达的程度。物理、化学的学科编纂度高于社会科学学科。并进行实证分析，指出在编纂程度高的领域，年轻的学者更容易出成果②。Mu－hsuan Huang，Yu－wei Chang（2008）也赞同 Cole 的观点，并进一步从评价的角度分析人文社会科学的成果特征，认为人文社会科学研究没有时间的压力，因此，更多的成果是以书籍的形式出版的，而书籍的写作时间比文章更长③。

在 Mcdowell（1982）的实证分析结论中，一些“硬”学科领域，出现产量早高峰后迅速下滑的现象，对英国的教授与历史学家来说，高峰出现得较晚④。Kyvik（1990）认为学科的技术、知识更新速度，是造成年龄高峰差异的主要原因。在人文社会科学领域，知识、技术更新速度比自然科学领域慢，因此，学者有更多的时间进行研究，有时候可能在晚年完成一

① Dennis，W.，Creative Productivity between the Ages of 20 and 80 Years［J］. Journal of Geronotology. 1966：1－8.

② Cole，S. Age and Scientific Performance［J］. American Journal of Sociology，1979，84（4）：958－977.

③ Mu－Hsuan Huang. Yu－Wei Chang. Characteristics of Research Output in Social-sciences and Humanities：From A Researchevaluation Perspective［J］. Journal of the American Society for Information Science and Technology，2008，59（11）：1819－1828.

④ Mcdowell. J.，Obsolescence of Knowledge and Career and Co－authorship Profiles［J］. American Economic Review. 1982，72（9）：752－768.

部著作，并且即使人文学者从事了行政、教学等其他工作，回归到研究领域，依然容易跟得上步伐，自然科学日新月异的变化，让老年人难以跟得上步伐①。

Simonton（1988a）强调，不同学科的年龄成果曲线受学科特征的影响存在差异性。② Stephan 和 Levin（1993）举例说明了不同的领域，影响创新因素不同③。Guetzkow 和 Lamont（2004）分析了人文与社会科学“原创性”的理解④。Carayol 与 Matt（2006）也认为学科特点是影响成果产出的因素⑤。

（2）外部环境因子

Simonton（1975）对宏观环境的影响做了较多研究，研究发现，人才的创新受国家政治分裂、政局不稳的负面因子影响。之后，进一步将人才的成长分为潜力发展和成果产出两个阶段，强调环境对潜力发展阶段的影响更为重要。外部宏观环境因子包括：时代精神、政治格局、战争、文明冲入、政治稳定性⑥。Simonton（1978）指出，当人才进入成年期，外部环境对产量的影响就变的非常小⑦。在研究文化结果对人才成长造成的影响中，Simonton（1996）将文化结构分为高峰、低谷、上升与下降四种状态。研究表明：当在具体领域处于下降状态的时候，不容易出现杰出的人

---

① Kyvik，S. Age and Scientific Productivity. Differences between Fields of Learning ［J］. Higher Education，1990（19）：37－55.

② Simonton，D. K.，Age and Outstanding Achievement：What Do We Know after A Century Of Research?［J］. Psychological Bulletin，1988a，104（2）：251－267.

③ Stephan，P. E.，Sharon G. Levin. Age And the Nobel Prize Revisited［J］. Scientometrics，1993，28（3）：387－399.

④ Guetzkow，J.，Michele L.，What is Originality in the Humanities and the Social Sciences?［J］. American Sociological Review，2004，69（4）：190－212.

⑤ Carayol，N.，Matt，M.，Individual and Collective Determinants of Academic Scientists' Productivity［J］. Information Economics and Policy，2006，18：55－72.

⑥ Simonton，D. K.，Sociocultural Context of Individual Creativity：A Trans historical Time－Series Analysis［J］. Journal of Personality and Social Psychology，1975b，32（6）：1119－1133.

⑦ Simonton，D. K.，The Eminent Genius in History：The Critical Role of Creative Development［J］. The Gifted Child Quarterly，1978（2）：187－195.

才；当整个系统内的活动都处于增长阶段时，杰出人才出现的概率较大①。

Dalen（1999）认为经济学不尽受个人因素的影响，还受社会与文化因素的影响。一个人的“社会关系网络”关系到知识的传播，在学科前沿的学者离不开“社会关系网络”的交流与合作，不论是杰出的学者还是无名小卒都会在相互的交流中相互受益②。

Kyvik 与 Olsen（2008）、Simonton（1977，1978）、Cole（1979）等多位学者分析了微观环境因子。Simonton（1977）在解释年龄曲线形状时指出：生理健康状况是产量下滑的唯一外部影响因素③。Cole（1979）强调“知名度”对社会科学学者产出有重要作用④。

Simonton（1978）强调了正规教育的重要性，认为早期的家庭环境、基础教育（Education）与专业培训（Professional Training）对人才创造潜力具有重要影响⑤。Wanner（1981）也分析了学校教育环境、学术职业层级体系、所处科研机构声誉等因子的影响⑥。

Goodwin（1995）提出行政职位对成果产出带来的负面影响⑦。Kyvik 与 Olsen（2008）提出工作人员在 40 岁左右烦琐事情比年轻和年老的同事

---

① Simonton, D. K. Individual Genius within Cultural Configurations: The Case of Japanese Civilization [J] . Journal of Cross – Cultural Psychology, 1996b. 27: 354 – 375.

② Dalen, H. P. , The Golden Age of Nobel Economists [J] . American Economist, 1999, 43 (2): 19 – 35.

③ Simonton, D. K. , Creative Productivity, Age, and Stress: A Biographical Time – Series Analysis Of 10 Classical Composers [J] . Journal of Personality and Social Psychology, 1977a 35, 791 – 804.

④ Cole, S. Age and Scientific Performance [J] . American Journal of Sociology, 1979, 84 (4): 958 – 977.

⑤ Simonton, D. K. , The Eminent Genius in History: The Critical Role of Creative Development [J] . The Gifted Child Quarterly, 1978 (2): 187 – 195.

⑥ Wanner, R. A. , Lewis, L. S. , Gregorio, D. I. , Research Productivity in Academia: A Comparative Study of the Sciences, Social Sciences and Humanities [J] . Sociology of Education, 1981, 54 (4): 238 – 253.

⑦ Goodwin, T. H. , Life Cycle Productivity in Academic Research: Evidence from Cumulative Publication Histories of Academic Economists [J] . Southern Economic Journal, 1995, 61 (3): 728 – 743.

都要多，不能够安静地做研究①。Mahapatra 与 Biswas（1985），Slatta（1986），Lally（1986），则比较了电子信息技术的发展对人文与社会科学家的研究方式上带来的变化。

2.1.5 人类文明成果超长涌动的周期性

帕特库洛斯（Velleius Paterculus）发现人才的周期性涌现现象：在人类成就的每一个领域内，杰出人才可在同一短暂的时间内相继涌现。帕特库洛斯用自然界的规律来揭示人才涌出现象——受到最狂热追求的东西，必将发展到极致。但一旦达到极致的水平，很难再超越，难以超越的东西，必然走向衰落。② Kroeber 在《文化发展之结构》一书中，进一步对该规律进行探索，解释文化成就从辉煌达到顶点，然后走向衰落的原因；并提出"高价值文化规律"与某种科学或与文化中其他因素不冲突的话，他会借助自己的势头不断发展自己。但在发展的过程中，不管有没有遇上文化上的阻力，都会耗尽自己或不堪重负，最终导致"规律断裂"③。Gray（1958，1961，1966）对人才在黄金时期集中涌现问题感兴趣，认为创造力上升与下降这种结构的出现受政治周期、经济周期和社会环境周期影响。当这三种周期都处于峰值时，艺术与科学产出就进入全盛时期。

20 世纪 70 年代，Simonton 运用时间序列分析方法，研究人类成果产出的发展规律及影响因子。建立了从公元前 700—1830 年西方文明中大约 5000 名富有创造力的人及匿名作品的时间序列。西蒙顿提出了"一代人"概念，"一代人"的时间跨度是 20 年，依据是以学者高产期的年龄顶峰值 40 岁为中点，上下扩展十年（也就是 30 ~ 50 岁）。"一代人"是成果高产

---

① Kyvik，S. . Olsen，T. B. ，Does the Aging of Tenured Academic Staff Affect the Research Performance of Universities? ［J］. Scientometrics，2008，76（3）：439 – 455.

② Kroeber，A. L. ，Configurations of Culture Growth ［M］. Univ. of California Press，1944：17，18.

③ Kroeber，A. L. ，Configurations of Culture Growth ［M］. Univ. of California Press，1944：17，18.

期在相同时间段（20 年）的学者集合。Simonton（1975）的研究结果表明，上两代人才和作品的数量对当代人创作力具有重要的正向作用，也是预示当代人才产出的关键指标①。在分析了西方文明后，Simonton（1988c）又揭示在中国文明进程中，彼此衔接几代人之间的基本关联，得出了相同结论。查尔斯·默里在《文明的解析——人类的艺术与科学成就》一书中，论证了 Simonton 的结论。查尔斯·默里选取了案例国家中的 352 个样本，将一代人中重大人物总数作为因变量，研究滞后值变化。结果表明，在为期 40 年的前两段时期内，滞后变量与当前重大人物数量之间存在较大联系②。Simonton 与 Murray 的研究只是分析了人文社会科学发展中的短期特征，并没有揭示人文社会科学整体发展的轨迹与周期性波动情况，并且 20 年"一代人"的时间跨度只是猜测，并没有实证根据。

Simonton（1996）将文化结构分为高峰、低谷、上升与下降四种状态，指出当在具体领域处于下降状态时，不容易出现杰出人才；当整个系统内活动都处于增长阶段时，杰出人才出现的概率较大③。

Weber（2005）认为，文明就像活着的生物，它们有一个像出生一样的开始，一个年青的成长阶段，一个可以延长的成熟和力量阶段，一个停滞期，紧接着是最后的衰亡④。人文社会科学作为人类文明的重要组成部分，同样要经历出生、成长、成熟、停滞及衰亡的阶段，类似于人类的生命周期开始到终结的过程。

---

① Simonton, D. K., Sociocultural Context of Individual Creativity: A Trans historical Time - Series Analysis [J]. Journal of Personality and Social Psychology, 1975b, 32 (6): 1119 - 1133.

② 查尔斯·默里. 文明的解析——人类的艺术与科学成就 [M]. 胡利平（译），上海：上海人民出版社，2008：320 - 323.

③ Simonton, D. K. Individual Genius within Cultural Configurations: The Case of Japanese Civilization [J]. Journal of Cross - Cultural Psychology, 1996b. 27: 354 - 375.

④ 阿尔弗雷德·韦伯. 文化社会学视域中的文化史 [M]. 姚燕（译），上海：上海人民出版社，2005.

2.2 国内研究综述

在中国，“哲学社会科学”与“人文社会科学”两个概念经常混用。“人文社会科学”是学术共同体使用的概念，“哲学社会科学”是管理部门使用的概念，1955 年被提出，并以中国科学院“哲学社会科学学部”的体制化方式存在。两个概念指称的对象基本相同，在一些著述中，“哲学社会科学人才”与“学术人才”“创新人才”“学术大师”等概念混合使用，指代与描述相同的对象。

人文社会科学人才的培养与使用一直受到政府、学者以及社会各界的广泛关注。人文社会科学人才在成长过程中具有相对稳定的阶段性特征，年龄是人才公开显现的客观特征，是人才的自然属性，也是阶段性划分的重要参考依据。研究人文社会科学人才成长规律，对加强人文社会科学人才培养，提高专业人力资源利用效率具有重要的理论与实践意义。

利用中国学术期刊网进行检索，先以“哲学社会科学”或者“人文社会科学”为关键词，时间跨度为 1979 年 1 月—2012 年 2 月，得到 13000 多篇文献。进而对所得结果进行二次搜索，关键词为“人才培养”或者“人才成长”，有关文献 176 篇。逐篇论文进行三次搜索，其中涉及人文社会科学人才成长的文章共 25 篇，包含涉及社会科学人才的最佳年龄的文献 8 篇。通过上述文献的分析概括，可将国内“人文社会科学人才成长”研究分为五个方面。

2.2.1 人文社会科学人才的分层

在国内文献中，“哲学社会科学人才的分层”讨论渗透在“新时代创新人才的分类”“拔尖创新人才的层次”“哲学社会科学人才培养层次”等话语中。

甘自恒、金又琳（2007）通过对人才概念的界定，根据创新人才在某类创新活动中做出的创造性贡献，将新时代创新人才分为一般创新人才、拔尖创新人才、杰出创新人才和大师级创新人才①。

刘贵富（2010）按照学者所属管理部门将国内专家学者分为国家级（属国务院直接管理），国家部委级和地方级。其中，学部委员是中国社科院的最高学术头衔，国务院授予的荣誉称号包括：国家有突出贡献的中青年专家、享受国务院政府特殊津贴专家和全国劳动模范和全国先进工作者。刘贵富将吉林省拔尖创新人才分为三个层次：第一层“具有世界科技前沿水平、业绩突出的科学家、工程技术专家和社会科学专家”，第二层“具有国内领先水平、在各学科技术领域有较高学术和技术造诣的带头人”，第三层“在各学科和技术领域成绩显著并起骨干作用和发展潜能的优秀年轻人才”②。

蔡言厚、王凌峰（2009）将成果评价与学术评价作为我国人文社会科学人才评价与分层的两大原则，认为“对科学家是否杰出进行评价其实很简单，只需要看其创造出的科研成果和学术成就能否在实践中得到有效验证，能否经得起历史的检验”，“在哲学社会科学领域，杰出的人才和优秀的成果从来都是密不可分、相辅相成的，自改革开放至今，国家各级部门对人文社会科学领域的支持和相应的奖励很多，包括国家级、省部级、基金奖等”；获国家级奖励的哲学社会科学家，“无疑是我国哲学社会科学领域中的顶尖人才，最能够代表我国目前在该学术领域的最高成就，在各界都能够取得较广泛的认同，具有较强的代表性”③。王周谊、郭琳和李净（2011）在以1948年“人文院士”评选为参照，研究关于杰出人文社科学者评价模式中，认为1948年的院士选举标准“对于所专习之学术有特殊著作、发明或贡献者”是以学术为主要标准④。

---

① 甘自恒，金又琳．论新时代的创新人才［J］．中国工程科学．2007（11）：26－30.

② 刘贵富．国内专家学者分级研究［J］．科研管理，2010（8）：27－30.

③ 蔡言厚，冯用军，王凌峰等．2008中国杰出人文社会科学家研究报告解读（摘要）［J］．中国高等教育评估，2009（1）：31－36.

④ 王周谊，郭琳，李净．关于杰出人文社科学者评价模式研究——以1948年“人文院士”评选为参照［J］．北京行政学院学报，2011（1）：18－21.

邹东涛（2000）把哲学社会科学人才形象地分为四种类型："第一种是'一'字型人才，这种人才知识面虽比较宽但缺乏深入的研究和创新；第二种是'1'字型人才，这种人才在某一项专业知识方面比较深，非常可贵，但知识面太窄很难将各种知识融会贯通进行创造性研究；第三种是'T'字型人才，这种人才不仅知识面比较宽而且在某一点上还有较深入的研究，但他们的弱点是不能冒尖没有创新；第四种'十'字型人才，这种人才既有较宽的知识面，又在某一点上有较深入的研究，更重要的是敢于出头、冒尖，有创新。"①

江泽民（2001）发表"8·7"讲话，就哲学社会科学人才培养工作做出重要指示。学界解读"8·7"讲话，认为哲学社会科学人才培养分为三个层次："造就一批用马克思主义武装起来的、立足中国、面向世界、学贯中西的思想家和理论家"；"造就一批理论功底扎实、勇于开拓创新的学科带头人"；"造就一批年富力强、政治和业务素质良好、锐意进取的青年理论骨干"。② 在2004年1月1日，中共中央国务院发布了《关于进一步加强人才工作的决定》，提出了人才强国战略，并强调"造就数以亿计的高素质劳动者、数以千万计的专门人才和一大批拔尖创新人才。"③ 这是人才强国战略的具体目标描述，是人才资源开发战略的三个递进层次。

郭樑（2006）提出了以"拔尖度"作为人才分层的指标，"所谓'拔尖度'，是用精确的数学语言对创新人才在对社会的贡献程度、优秀程度上进行的衡量和描述。拔尖度能够对拔尖创新人才在其科学研究领域所处的层次进行形象的表述。"④ 并且将数学猜想的方法应用于人才拔尖度的测

---

① 邹东涛. 关于人文社会科学高层次人才培养的思考［J］. 中国统计，2000（11）：18－21.

② 湖南省社会科学院课题组，深入学习江泽民总书记"八·七"重要讲话：培养高水平的哲学社会科学家与培养高水平的自然科学家同样重要［J］. 求索，2001（6）：11－12.

③ 中共中央国务院关于进一步加强人才工作的决定［N］. 光明日报，2004－01－01.

④ 郭樑. 基于人才矢量分析的拔尖创新人才成长规律研究［J］. 中国高教研究，2006（6）：40－41.

度中，提出拔尖度的数值计算模型：$E=\int B^2dt=\sum B_i{}^2T_i(i=0,1,2,3,4,5)$（公式1）。选择一组有实际意义的初始值：$E_0=0$，$B_0=1$，$T_0=4$（大学4年），$T_i=8$（人才成长每一阶段时间为8年，i=1，2，3，4）。则可根据计算公式1，算出各个不同层次人才优势积累的值E。人才矢量B的大小（优势积累E的方根值）则为2，6，18，54和162，是一组以3为比值的等比数列：$B=2\times3^n$（公式2）。计算公式2中3的指数即为拔尖创新人才的“拔尖度”。与“拔尖度”概念类似，刘铁梅（1999）则提出社会科学人才战略工程首先要形成合理的人才学术梯次结构，即形成“学术带头人、后备学术带头人、学术骨干、第三梯队”四个层次①。

2.2.2 人文社会科学人才的成长机制

每个人的成长轨迹有各自的独特之处，且在不同阶段有不同的心理和生理特点，因此，其成长过程都具有相对稳定的阶段性特征。学界讨论人才成长规律的文献很多，内容涉及人才成长的方方面面，但从机制角度讨论人才成长的文献并不多。目前，关于“人文社会科学人才的成长机制”讨论主要从三个视角展开。

（1）阶段论

郭樑（2006）通过对清华大学毕业生和杰出校友的成长特征进行宏观的总体考察和研究，总结和描述了人才成长的一般规律：在23~31岁阶段，是人才的方向选择和实践积累期；在31~39岁阶段，是人才成长中的资源整合时期；在39~47岁阶段，是人才成长的创新期或平台停滞期。并且指出“由于人才成长生命周期的规律性，创新的最佳时机也有其自己的规律”，“跳出人才成长周期率的关键在于创新”。②李松梅（1994）对人的学习能力与年龄的关系做了描述，“人的学习能力在30岁以前是上升

① 刘软梅. 社会科学人才队伍建设战略构想［J］. 黑龙江社会科学，1999（5）：53－54.

② 郭樑. 基于人才矢量分析的拔尖创新人才成长规律研究［J］. 中国高教研究，2006（6）：40－41.

的，30 岁左右进入或达到顶峰期；30 ~ 50 岁处于平衡的高原期，即处于高水平发展的相对稳定期；50 岁以后开始缓慢下降，进入 60 岁后下降得较显著。"① 李松梅对学习能力变化过程的描述，也可以概括为三个阶段：上升期、高原期、下降期三个阶段，临界的年龄点分别为 30 岁与 50 岁。李维平（2006）注意到，"从总体上来看，人才成长的主要阶段包括四个部分，即继承期、创造期、成熟期和衰老期，而其中的创造期是最为重要的，在这个阶段内，人才能够对社会作出最大的贡献"。② 王通讯（1996）也持类似观点，"人才的成长要经过继承期、创造期、成熟期和衰老期四个阶段"。③ 但是"四阶段"理论，并未对各阶段的年龄区间进行研究。

通过以上学者的研究可看出，"三阶段"理论与"四阶段"理论所描述的成长机制是一种类似于"抛物线"的轨迹：上升，顶峰，下降。但是，也有学者研究发现，人才成长过程中某些能力是随年龄增长而不断增强，或者与年龄几乎没有关系。梁开卷（1996）的研究表明，人们的判断技能是随着年龄、经验的增长而增加。④ 周德厚等（1996）则认为，"创造力与年龄几乎无关，老年人与青壮年相比，在精力、记忆力方面处于劣势，但在经验、知识、判断力等方面明显占有优势"。⑤

（2）过程说

查有梁（1996）总结了人才成长的一般过程，首先是"德智体美劳全面发展的合格人才"，在此基础上发展为"德能勤绩健全面发展的专门人才"，进而在某一领域做出重大贡献和创造成为"杰出人才"。在成长的时间规律上看"从接收专业训练开始到做出一流水平的贡献，平均需要 10 年时间"⑥。查有梁认为杰出人才的成长存在一个过程，首先要成为地区

---

① 李松梅．最佳年龄成才律——二谈成才规律［J］．人才开发，1994（8）：21.

② 李维平．人才成长的共同规律［J］．中国人才，2006（4）：38 - 39.

③ 王通讯．人才成长的八大规律［J］．决策与信息，2006（5）：53 - 54.

④ 梁开卷．决策模式选择的权变性［J］．领导科学，1996（6）：4 - 5.

⑤ 周德厚，郭东才．创造学——企业的首要科学［J］．航天工业管理，1996（3）：36 - 39.

⑥ 查有梁．杰出人才成长之道［J］．高等教育研究，1996. 12（2）：3 - 8.

性的杰出人才；进而成为全国性的杰出人才；最终通过国际交流，使创造、发明、发现得到国际公认，成为国际性杰出人才。

舒炜光（1985）提出了人才生成与人才发展相统一的成才模式，用这个模式对人才的成长进行研究分析会发现，主体的成才过程中，活动、客体、成果都与主体间存在着内在联系，其中与成果的联系最为紧密，主体成长的过程是个不断蜕变的过程，是从 S_1 发展到 S_2 的过程，也是主体通过一定的科研活动，对客体发生作用，并因此产生成果的过程，即 $R_0 - R_1$ 的过程。人才的成长和发展过程，就可以看作是主体从 S_1 成长到 S_n 的过程，也可以看作是成果从 R_1 发展到 R_n 的过程①。甘自恒与金又琳（2007）在舒炜光“人才模式”的基础上，提出新时代创新人才的成才模式，“创新人才在成才模式上和发展模式上的特性决定了二者具有统一性，创新人才的成才模式可以看作是非创新人才在参加创造性活动时，充分发挥自身素质和主观能动性，在一定的环境当中对客体发生一定作用，获得一定的创新成果，从而成为一般创新人才的过程；在进一步的发展中，一般创新人才通过进一步发挥自身素质，进行新的创造性活动，在新的环境中对客体进一步地发挥作用，从而取得更大的创新成果，并以此发展为杰出创新人才、大师级创新人才。”②

（3）内因外因说

叶忠海（2006）指出，人才的成长过程包含了两个基本规律，其中一个是综合效应论，即人才的成长是内因和外因通过实践等中介进行相互影响、相互作用而产生的综合效应。这不仅仅是人才成长的基本规律，也是人才成长的基本原理。③ 王通讯（2006）认为，“凡人才，其成功与发展都离不开两个条件：一是自身素质，二是社会条件。”④ 刘能杰（2004）

① 舒炜光．一个成才模式［J］．创造与人才，1985（4）：11.

② 甘自恒，金又琳．论新时代的创新人才［J］．中国工程科学，2007（11）：26－30.

③ 张明，邱永明．人才成长规律探寻——全国第二届“中国人才学论坛”暨学术研讨会综述［J］．中国人才，2006（1）：36－37.

④ 王通讯．人才成长的八大规律［J］．决策与信息，2006（5）：53－54.

持相同观点，“人才的成长与发展，人才资源的开发与使用，都离不开自身素质和社会环境两个条件”①。

刘丽（2009）在研究马克思主义人才成长总体规律时发现：“一个人才的成长，首先要尊重社会发展的基本规律，以此为基础一切从实际出发，因时、因地、因人而异地进行实践活动，并做到与时俱进，在适应环境的同时发挥自身优势。不仅如此，还要善于发现和利用各种有利条件，努力选择、适应并进而创造新的环境，不使成才的机遇白白流失。竞争人才，最首要的条件就是在社会环境的竞争。环境是人才的第一生命线。”②张永红（2005）强调，人才成长是一种曲折上升式的轨迹，因为“杰出人才的成长过程，不可能一帆风顺，会受到各方面因素的制约，必然要经历各种挫折和磨难，并在挫折和磨难中积累经验。”③

2.2.3 人文社会科学成果年龄分布的影响因素

李松梅（1994）认为最佳年龄是一种成才的规律，“最佳年龄成才规律的内涵是：人在学习和创造的最佳年龄内学习和创造，其取得成果的可能性（概率）最大，质量最高，数量最多，速度最快；而在最佳年龄之外取得成果的可能性就小，质量相对就低，数量相对就少，速度也相对减慢”④。近年来，国内学者对人文社会科学最佳年龄分布的影响因素进行了多方面研究。

（1）社会因素的影响

刘明诗与袁哲（2010）在《论哲学社会科学创新资源》一文中，阐述了人力资源的三个特点，其中包括社会性与受动性，即“人力资源只有在

---

① 刘能杰．正确把握人才成长规律和人才资源开发规律［J］．求知，2004（7）：6－8.

② 刘丽．马克思主义人才成长规律的当代诠释［J］．山东纺织经济，2009（1）：50－51.

③ 张永红．浅析人才成长的规律［J］．云南科技管理，2005（3）：56－58.

④ 李松梅．最佳年龄成才律——二谈成才规律［J］．人才开发，1994（8）：21.

一定的社会环境和社会实践中才能形成、发展和产生作用”，“人力资源受到它周围环境的制约和影响”①。王建（2003）对上海市哲学社会科学优秀成果奖分析，得出哲学社会科学研究者的黄金年龄，并进行深入解读：“在这些获奖的学者中，大部分人的科研工作都受到过‘文化大革命’的冲击，这在另一方面推迟了他们研究的黄金年龄的到来”，并指出，“创造相对优越的学术环境和条件，能够加速黄金创作年龄的到来。”② 邱永明（2006）发现“网络时代的崛起，出现了人才年轻化趋势”③。

李维平（2006）认为，“在一定时期内，人才的数量和质量并非自然而然产生的，是由社会条件和社会需求决定的，这个内在规律决定了社会中的人才总体上是与社会发展程度相适应的，不能脱离社会发展单独而存”，社会需求、社会条件、社会发展程度等是人才数量、质量的决定性因素；社会的丰裕程度、开放程度与公正程度对人才数量能够起到促进作用，“社会发展到什么程度，与此相应的，人才的成就水平就最高只能达到这种程度，不可能超越。一方面表现为在这种社会发展程度所提供的条件下，人才所取得成就的平均水平；另一方面这也是人才所能达到的最高水平”，“人才在开放的社会环境下可以自由的学习和交流，在此过程中，提升自身水平，推动人才质量进步，并逐步加速人才发展”。④ 刘丽（2009）也强调：“社会的开放、公平的竞争，是人才出现、成长的土壤和条件，在人才辈出的社会中，更是至关重要的一环。”⑤

余英杰（1994）在分析哲学社会科学人才的作用时，提出哲学社会科学人才是“新知识，新理论的创造者”，“如果没有良好的，有利于‘双

① 刘明诗，袁哲．论哲学社会科学创新资源［J］．海军工程大学学报，2010，7（1）：83－88.

② 王建．上海市哲学社会科学优秀成果奖分析报告［J］．社会观察，2003（1）：34－35.

③ 张明，邱永明．人才成长规律探寻——全国第二届“中国人才学论坛”暨学术研讨会综述［J］．中国人才，2006（1）：36－37.

④ 李维平．人才成长的共同规律［J］．中国人才，2006（4）：38－39.

⑤ 刘丽．马克思主义人才成长规律的当代诠释［J］．山东纺织经济，2009（1）：50－51.

百’方针正确进行的政治气氛和社会环境，要想取得理想的哲学社会科学成果是不可能的”①。彭文晋（1983）强调：“培养人才的社会条件多种多样，主要包括社会环境的安定、国民对崇尚科学的普遍态度、尊重人才的社会风气、学术争论的自由民主、人才管理的科学制度、教育事业的高度发达，等等。”②

（2）个人因素的影响

郭樑（2006）认为，“每个拔尖创新人才都有临界点，突破这个临界点就能实现质的飞跃，从一般性的创新人才蜕变为拔尖创新人才，到达临界点、突破临界点，需要知识的积累和不断的实践。”③ 李维平（2006）也认为，“人才的成长与优势积累的效率和程度呈现相关关系”④。

刘明诗（2010）认为，人在生命过程中的不同阶段有着不同的生理和心理特点，对于人力资源的生成和发挥作用各有不同的最佳期。⑤ 李松梅（1994）从生理角度进行分析，提出中青年时期处于生理与智力、创造力的最佳时期⑥。张永红（2005）利用医学上的研究结果，结合中外人才成果年龄分布，指出：“青年时期，也就是25～35岁是人生中极富创造力的时期。”⑦

但甘自恒，金又琳（2007）则认为，随着社会的发展，生物、医学科技的进步使我国人民的平均寿命逐步提高，哲学社会科学人才中的某些拔尖、杰出创新人才，身体素质好，在成长的后期也充满了创造力⑧。庄文，

---

① 余英杰．社会科学人才论［J］．武汉交通管理干部学院学报，1994（3）：1－3.

② 彭文晋．人才学概说［M］．黑龙江人民出版社，1983.

③ 郭樑．基于人才矢量分析的拔尖创新人才成长规律研究［J］．中国高教研究，2006（6）：40－41.

④ 李维平．人才成长的共同规律［J］．中国人才，2006（4）：38－39.

⑤ 刘明诗，袁哲．论哲学社会科学创新资源［J］．海军工程大学学报，2010，7（1）：83－88.

⑥ 李松梅．最佳年龄成才律——二谈成才规律［J］．人才开发，1994（8）：21.

⑦ 张永红．浅析人才成长的规律［J］．云南科技管理，2005（3）：56－58.

⑧ 甘自恒，金又琳．论新时代的创新人才［J］．中国工程科学，2007（11）：26－30.

邱有明（2008）在研究人才成长规律时发现，由于“生理、机会、职业等各种原因”①导致人才成长的后期才显出较高的成就，“大器晚成”是人才成长的一种特殊规律。

（3）学科特点的影响

不同的专业领域有着不同的特点，因此在最佳年龄区间上也有所不同，尤其是随着时代的进步，知识、社会的变化致使最佳年龄区间不断地发生或提前或延迟的变化②。李松梅（1994）通过实例分析政治家最佳年龄较大的原因，“人才依赖于社会实践的程度与最佳年龄呈正比例关系”③。庄文（2008）分析“大器晚成”原因时发现：“多数人是因为他们从事的社会职业造成的”④。通过比较哲学社会科学与自然科学的差异性，顾锦芳（2007）提出“哲学社会科学领域的研究成果需要长期的学术积累和历史积淀。”⑤ 吴静（2011）进一步指出：哲学社会科学“需要通过思想和观念的先导性变革以渗透方式间接地转化为现实生产力，成果转化见效慢，有时还‘看不见’，很难进行量化的测算。”⑥ 陈先达（2001）强调哲学社会科学有自身的学科特点，它要有长期的积累，因此，相对自然科学而言，哲学社会科学方面具有知名度的中青年人才数量欠缺一些⑦。自然科学和人文科学之间存在很大的差别，相比较而言，自然科学对思维的活跃性和观察判断能力的敏锐性要求较高；而人文科学则更加强调知识的积累，社会阅历的广泛，其学术成果的取得更多是厚积薄发的结果⑧。李松

① 庄文，邱永明．人才成长规律论［J］．人才开发，2008（2）：12－14.

② 王通讯．人才成长的八大规律［J］．决策与信息，2006（5）：53－54.

③ 李松梅．最佳年龄成才律——二谈成才规律［J］．人才开发，1994（8）：21.

④ 庄文，邱永明．人才成长规律论［J］．人才开发，2008（2）：12－14.

⑤ 顾锦芳，朱悦怡．高校哲学社会科学队伍建设的对策建议［J］．江苏技术师范学院报，2007（10）：17－20.

⑥ 吴静，颜吾佴．高校哲学社会科学人才队伍建设存在的主要问题及对策研究［J］．北京交通大学学报（社会科学版），2011，10（2）：104－108.

⑦ 陈先达．繁荣哲学社会科学加强哲学社会科学的人才培养［J］．思想理论教育导刊，2001（11）：9－11.

⑧ 周大亚．学术大师的启示——中国社会科学院学术大师学术年龄特点分析［J］．社会科学管理与评论，2004（1）：41－47.

梅（1994）强调，“随着社会的发展，学科复杂性的提高，行业实践性的增强，以及人才层次的增高。人才的最佳创造年龄也增高增大。”①

2.2.4 人文社会科学人才成果的年龄分布

人文社会科学研究主要依靠人的智慧，重大学术成果的年龄组分布问题学界一直关注，这方面研究成果较为丰富。人文社会科学人才成果的年龄组分布遵循什么规律，对此，国内一些学者进行了探索性研究。

杨永华以（1989）《中国现代社会科学家传略》（1～10辑）中，收录的哲学社会科学22个学科领域中有所建树的283位人才为研究对象，对他们取得成功的途径和模式进行分析研究，并发现“资历深、年龄大这两个现象往往与优秀的科学成果成正比”，“即使是时至中年、老年，在科研上依然能力卓越”，同时“年轻的科研工作者心无旁地的进行科学研究，同样可以取得骄人的成果”，“社会科学家是否能够取得优秀的成果，与资历、年龄之间并没有必然联系，青年和老年科学家都有取得成功的机会。但是，相较而言更多的中年科研工作者取得成功可能性要大一些。”②

查有梁（1996）在《杰出人才成长之道》中谈到，“在社会科学领域发表有世界影响的著作，其平均年龄约为50岁”③，与此观点一致，王建（2003）对上海市哲学社会科学优秀成果奖的统计分析得到相同结论，“58岁左右是这些哲学社会科学研究者的黄金年龄段”，但是，“我们还必须考虑扣除‘文化大革命’的影响，社科工作者的黄金年龄当在50岁左右”④。蔡言厚、冯用军（2009）将研究对象的范围扩大，在对2008年中国杰出人文社会科学家研究报告的分析中，发现入选的868位杰出人文社

---

① 李松梅．最佳年龄成才律——二谈成才规律［J］．人才开发，1994（8）：21.

② 杨永华．社会科学家的成功模式初探——《中国现代社会科学家传略》研究之一［J］．晋阳学刊，1989（3）：68－72.

③ 查有梁．杰出人才成长之道［J］．高等教育研究，1996.12（2）：3－8.

④ 王建．上海市哲学社会科学优秀成果奖分析报告［J］．社会观察，2003（1）：34－35.

会科学家出生时间主要集中在 1951—1960 年、1941—1950 年、1931—1940 年、1921—1930 年，其中，“1951—1960 年出生的学者人数最多”①，即年龄在 48 ~ 57 岁的人数最多。

也有学者受自然科学人才最佳年龄测度方法的启示，用模型检验哲学社会科学人才成长规律及特点。梁立明（1999）在对 4546 项非科技成果进行分析、研究时，将其分为四个主要类别，即文学与戏剧、音乐、宗教与哲学、其他艺术，考察这些成果的年龄分布是“威布尔分布”，还是“r 分布”。相关结论包括三个方面②：一是可用威布尔分布拟合的有宗教与哲学类、音乐类、其他艺术类成果，并且在年龄峰值上，音乐类成果和其他艺术类成果（在某种意义上可将其视为科学或艺术创造的最佳年龄）很接近；二是宗教与哲学成果的年龄分布可用 r 分布去拟合，其余人文科学与艺术类成果的年龄分布用 r 分布去拟合都通不过统计检验。将各类成果混在一起，其分世纪、分国家的成果年龄分布用 r 分布去拟合效果也不好；三是相比较而言，宗教与哲学学者比科学家抵达成就巅峰时的年龄要晚很多，其成果的威布尔分布的峰值年龄比科技成果的峰值年龄高了 7 岁多。周大亚（2004）选取《中国社会科学院学术大师治学录》所介绍的 34 位学术大师为研究对象，分析人文社会科学学术大师的学术年龄分布特点，“除了‘文化大革命’这一特殊时期，人文社会科学家在各年龄段取得主要学术成就的量基本上满足正态分布规律”③，进一步与自然科学人才成长特点进行比较后得出两条规律：第一，人文社会科学研究人员的成才年龄高峰相对较晚，成才年龄高峰应为 40 ~ 50 岁。第二，人文社会科学与自然科学相比较而言，其优秀学者的学术年龄延续要更长久一些。人文社会科学家取得主要学术成果时往往要在 50 岁之后，甚至高于 80 岁。

---

① 蔡言厚，冯用军，王凌峰与柯慧敏．2008 中国杰出人文社会科学家研究报告解读（摘要）[J]．中国高等教育评估，2009（1）：31 – 36.

② 梁立明，王元，丁凡．武夷山．科学与文化成果年龄分布研究的新发展[J]．自然辩证法通讯，1999. 21（4）：28 – 33.

③ 周大亚．学术大师的启示——中国社会科学院学术大师学术年龄特点分析[J]．社会科学管理与评论，2004（1）：41 – 47.

金盛华（2010）通过对38位人文社会和艺术领域的创造性人才的访谈研究，表明“创造者的平均年龄比领域新手的平均年龄大43岁”，也就是说“高成就的创造者并没有因为年龄的增长而使得思维的速度减慢。”①

2.2.5 人文社会科学中心转移

目前，对人文社会科学中心空间分布的相关研究主要集中在三个方面。

第一，关于哲学中心的转移，刘则渊与王海山（1981）以哲学家的人数作为评价哲学高潮的指标，将一个国家的哲学家人数超过世界总数的15%称为哲学高潮，用统计方法从量的抽象上描述了哲学高潮转移的客观现象②。王良滨，王续琨（2001）引入哲学家高峰期的概念，把一个国家的重要科学家人数超过同期全世界总数20%的最长持续时间段，称为该国的哲学家高峰期。进而对中西方科学家与哲学家高峰期进行对比研究。③

第二，关于教育中心的转移。查有梁（1991）分析了教育与科学的关系④。施若谷（1999）认为，科学技术教育的改革与发展，是促成科学技术中心转移的关键性因素⑤。李红桃（2001）分析了高等教育中心转移与科学活动中心转移的关系：高等教育中心的转移必然会发生科学活动中心的转移，科学活动中心的形成和发展必然会促进高等教育中心的进一步发展。⑥ 与李红桃的研究结果一致，迟景明（2003）研究表明：高等教育中

---

① 金盛华，张景焕，王静．创新性高端人才特点及对教育的启示［J］．中国教育学刊，2010（6）：5－10.

② 刘则渊，王海山．近代世界哲学高潮和科学中心关系的历史考察［J］．科研管理，1981（1）：7－21.

③ 王良滨，王续琨．中西方科学家与哲学家高峰期的比较研究［J］．科学学研究，2001（4）：19.

④ 查有梁．科学进步模式与教育进步模式［J］．黑龙江高教研究，1991（1）：14－17.

⑤ 施若谷．试论科技教育与科技中心转移的关系［J］．自然辩证法研究，1999，11（15）：43－46.

⑥ 李红桃．高等教育中心转移与科学活动中心转移［J］．建材高教理论与实践，2001（2）：9－10.

心的每一次转移都会直接或间接地引致科学中心的转移。① 学者从不同角度研究了教育或高等教育与自然科学发展的关系。

第三，人文社会科学在人类文明发展中的作用。刘鹤玲（1998）分析了人文社会科学作为文化因素对促进世界科学活动中心形成的作用。刘松峰（1999）从科学与文化的关系进行研究。魏屹东，郭贵春（2001）分析了社会诸因素活动中心与科学活动中心的关系。冯石岗（2004）提出哲学社会科学在人类文明中作用的探索，其中分析了代表学科中心转移的规律。梁立明与冯烨（2006）对世界科学中心转移与文化中心分布进行了相关性分析。

2.2.6 人文社会科学人才队伍建设方面存在的问题与对策

近年来，学界对我国人文社会科学人才队伍建设方面存在的问题进行了深入探讨，提出了许多对策与建议。

王兆海（2008）指出当前培养创新型人才主要存在三个方面问题：一是观念问题。重视劳动价值，相对轻视创造价值；重视共性塑造，相对轻视个性发展；重视传授知识，相对轻视素质培养。二是机制问题。在评价机制、科研机制、竞争机制等方面都存在不足。三是人才自身问题。心浮气躁，急功近利；脱离生活，浮在上面；文人理想的缺失②。

在观念问题上，薛玉刚、季正松（2005）对镇江市哲学社会科学人才状况进行调查，反映镇江市对“哲学社会科学人才的重要性认识不足，普遍存在‘重理轻文’的价值观”③。郑瑞萍（2011）发现，随着科研管理体制机制改革的深化，哲学社会科学激励机制在发展中凸显出“三重三轻”的问题：重低层次激励、轻国家级政府激励；重成果，轻学者；重精神，轻物质④。王周谊（2011）探讨当前哲学社科学者评价现状所存在的

---

① 迟景明. 科学中心转移与高等教育中心转移之间的关系［J］. 教育科学，2003，6（12）：35－37.

② 王兆海. 怎样培养大师级人才［J］. 决策与信息，2008（10）：24－25.

③ 薛玉刚，季正松. 对镇江市哲学社会科学人才状况的调查与思考［J］. 镇江高专学报，2005，18（2）：52－54.

④ 郑瑞萍. “三轻三重”：科研激励机制刍议［J］. 北京行政学院学报，2011（1）：22－25.

问题："文科院士缺位，历史包袱沉重"；"评价模式多样，组织机构缺乏统一"；"评价标准不一，评价结果受到质疑"；"行政主导学术，同行评审有待引入"①。赵振宇（1996）提出成果评价中存在的两大问题，首先，扭曲的评价、任用与利益三大机制致使理论研究相对滞后；其次，现存的评价方法中非科学因素的存在，影响对科学成果的正确评价，如根据"名人名言""非此即彼""指标分配""发表级别"等进行评价②。张笃勤（2006）、薛玉刚（2011）、丁宪浩（2003）、郭祥艳（2011）等通过对地区哲学社会科学人才的培养研究，发现管理机制欠缺引起的人才结构不合理、经费不足、人才流失、人才收入偏低，工作条件欠佳、空间发展受限、学术环境较差等共性问题。关于人才自身问题，张笃勤（2006）认为武汉市属社科人才素质有待提高③。吴静（2011）提出"学术风气浮躁影响高校哲学社会科学人才队伍健康发展"④。郭祥焰（2003）等反映"深圳的哲学社会科学人才大都比较心浮气躁，没有以前那种事业心和使命感，拼劲、闯劲以及敬业创业的精神均显不足"⑤。

针对我国哲学社会人才培养中存在的问题，学者提出了对策和建议。郑瑞萍（2011）建议完善科研激励机制：从国家层面设置哲学社会科学奖项，提升奖励层次，对各种中观、微观层次的科研激励奖励要着力控制和削减，整合全国的科研激励机制，大力褒奖精品和人才；科研激励要关注学者，回归学者激励本身；激励要真正做到精神激励和物质激励相结合⑥。

---

① 王周谊，郭琳，李净．关于杰出人文社科学者评价模式研究——以 1948 年"人文院士"评选为参照［J］．北京行政学院学报，2011（1）：18－21.

② 赵振宇．社科领域人才与成果评价中存在的问题及解决方法［J］．南方经济，1996（3）：26－26.

③ 张笃勤．武汉市属社科人才队伍建设现状与对策建议［J］．武汉学刊，2006（5）：42－46.

④ 吴静，颜吾佴．高校哲学社会科学人才队伍建设存在的主要问题及对策研究［J］．北京交通大学学报（社会科学版），2011，10（2）：104－108.

⑤ 郭祥焰，杨福祥．加快深圳社科人才队伍的建设［J］．特区理论与实践，2003（4）：45－48.

⑥ 郑瑞萍．"三轻三重"：科研激励机制刍议［J］．北京行政学院学报，2011（1）：22－25.

赵振宇（1996）就成果评价问题指出，在评价社科成果时必须首先考虑两个基本前提，另外还应注意成果查新、成果署名和申报程序，应根据不同的等级层次，确定不同的考核标准；将基础理论和应用科学提升到同一层次，同等重视二者的科学研究成果，促进学术价值和社会价值的同一，不偏不倚的结合定性和定量标准。①

郭祥焰（2003）提出，哲学社会科学人才队伍建设要正确处理好4种关系，即重视哲学社会科学人才与重视自然科学人才的关系；引进和培养的关系；数量与质量的关系；全面提高和重点培养的关系。郭祥焰等还针对加强哲学社会科学人才队伍建设，提出六点建议：对影响人才成长的外在环境进行优化，吸引优秀的哲学社会科学人才；增加投入量以加强培养，从而提升社会科学人才的整体素质；重视哲学社会科学人才，在各个行业要合理使用优秀的社会科学人才，使其能发挥更大的作用；在管理方式上进行改革创新，探索、建立合理的科研管理机制，能够使得优秀的哲学社会科学人才脱颖而出；逐步加大经费投入，为哲学社会科学人才成长提供充裕的资金保证；加强对全市哲学社会科学人才队伍建设的领导②。王兆海（2008）提出了四条完善途径："大力营造创新氛围，形成革故鼎新的社会风气"；"推进机制创新，完善维护创新权益的机制"；"大力深化教育体制改革，完善教育目标"；"大力培塑人文情怀"③。

张晓忠、张韵静（2006）建议，"高校哲学社会科学队伍是我国哲学社会科学的主体"，要在"教学和科研实践中促进中青年理论人才的成长"④。吴静（2011）注意到，在高校中要注重哲学社会科学人才的培养："应结合各高校实际情况，扬长避短，制定切实可行的措施以促进优势学科进一

① 赵振宇．社科领域人才与成果评价中存在的问题及解决方法［J］．南方经济，1996（3）：26－26.

② 郭祥焰，杨福祥．加快深圳社科人才队伍的建设［J］．特区理论与实践，2003（4）：45－48.

③ 王兆海．怎样培养大师级人才［J］．决策与信息，2008（10）：24－25.

④ 张晓忠，张韵静．在教学和科研实践中促进中青年理论人才的成长［J］．世纪桥，2006（5）：115－117.

步发展，体制机制进一步完善，人才培养系统更加高效，优化人才成长的外部环境，培养出高素质的哲学社会科学人才，为我国经济社会发展提供支持。"① 甘自恒（2007）通过研究新时代创新人才，就我国高等教育提出六条建议。洪大用（2010），杨龙和、张怀承（2009）等分析了高校人文社会科学拔尖创新人才培养模式，对完善我国人才队伍建设进行了有益的探索。

谢晶莹（2009）建议："在要求上要提出政治觉悟高、业务能力精、作风思想正，在过程上要围绕着重培养、大力吸引、切实用好人才的环节，坚持建设高水平专业队伍、打造高素质人才的目标，实施人才兴院战略，大力引进高层次的科研人才。"② 周大亚（2004）根据对中国社会科学院学术大师年龄特点的分析，提出三点建议：第一，坚持"双百方针"不动摇，营造民主、宽松、和谐的科学研究外部环境，是促进我国人文社会科学更加繁荣的重要保证；第二，给予人才充分的尊重，敬畏知识、尊重劳动、尊重创造，打造一支素质高、思想硬的人文科学研究队伍；第三，尊重老专家、学者，充分发挥他们的余热，让有意愿的老专家老有所为。③ 针对第三点，甘自恒（2007）建议推行终身教授制。

张笃勤（2006）、薛玉刚（2005）、吴静（2011）建议，发挥学科优势，以学科建设促进高层次人才的成长。吴兆雪、王梅（2005）强调，"学贯中西，综合创新"是"造就高水平哲学社会科学人才的必由之路"。④ 朱有志、胡跃福和马贵舫（2008）认为："推动我国哲学社会科学优秀成果和优秀人才走向世界是进一步塑造我国世界大国形象、繁荣发展哲学社会科学和人类共同进步的需要。"⑤

---

① 吴静，颜吾佴．高校哲学社会科学人才队伍建设存在的主要问题及对策研究［J］．北京交通大学学报（社会科学版），2011，10（2）：104－108.

② 谢晶莹．强化队伍：致力学术传承——以社科院人才队伍建设为视角［J］．社会科学管理与评论，2009（2）：50－57.

③ 周大亚．学术大师的启示——中国社会科学院学术大师学术年龄特点分析［J］．社会科学管理与评论，2004（1）：41－47.

④ 吴兆雪，王梅．学贯中西　综合创新——造就高水平哲学社会科学人才的必由之路［J］．安徽农业大学学报（社会科学版），2005，14（5）：5－8.

⑤ 朱有志，胡跃福，马贵舫．推动我国哲学社会科学优秀成果和优秀人才走向世界［J］．社会科学管理与评论，2008（2）：1－6.

李松梅（1994）指出："在人才开发过程中，要尊重人在最佳年龄期成才的规律，提高教学质量，大力开发人的潜能，减缓知识与信息激增的压力，使人们能在尽可能短的时间内消化更多信息，减缓最佳年龄的后移；加强基础教育，扶持青年人才的成才，为最佳期起飞提高最佳期质量作准备；注意起用人才的时效观念，实行'重点资助最佳年龄区的人才'政策，克服按资排辈的传统观念。"①

2.3 本章小结

国外学者都强调成果产出与年龄之间的关系，他们之间的学术争论，形成了成果产出与年龄"正相关""负相关"以及"非关联"三种观点。国外学者通过定量研究构建出模型来描述成果产出与年龄的关系，由于数据选择、研究方法、指标选取的差异，成果—年龄曲线呈现出不同的形状，究竟哪种研究更科学，曲线形状最接近于真实等描述，是学者争论的热点问题之一。另外一个重要的争论问题是关于曲线上的特征值——峰值年龄，即曲线最高点所对应的年龄值。不同形状的年龄曲线，以及相同形状的年龄曲线，峰值都可能存在差异。如何用理论诠释定量研究出现的结论，国外学者从人才个人成长机理以及外部影响因子等不同的视角进行理论分析，构建出能够诠释实证现象的理论模型。并且，国外学者提出并研究了人类文明发展过程中的，成果周期性涌现的现象。

国内学者主要从理论及经验层面对人文社会科学人才成长规律进行总结，分析人才成长的阶段性、过程性特征，影响人才成长的三个因素：社会因素、个人因素以及学科因素，以及揭示了哲学中心、教育中心和科技中心的转移轨迹，并对中国人文社会科学人才队伍建设方面存在的问题进行总结，探讨解决问题的对策方案。

经过半个世纪的讨论与研究，学者们对人文社会科学人才成果产出与年龄分布问题的理解不断深入，对人文社会科学人才成长规律有更加准确

---

① 李松梅．最佳年龄成才律——二谈成才规律［J］．人才开发，1994（8）：21.

的描述。丰富了整个人才成长规律的探索，逐步缩小与自然科学人才成长研究在内容与成果上的差距。国外学者在研究方法上不断创新，定量分析与定性分析相结合。样本采集、数理分析工具的选择都呈现更科学、更合理、更加精细化的趋势。国外学者从研究整个人文社会科学人才成长规律，到对比分析各学科人才成长，更多的从一个点切入进行深入研究，研究内容出现分化态势。

但是，从研究的内容和研究深度来看，还存在很多的不足。在对人文社会科学人才年龄分布的研究方面存在三点不足：一是学者们只是针对某一学科、某一领域，尚未将人文社会科学作为一个整体看待，分析其人才年龄的分布以及峰值年龄；二是在研究的时间跨度上，并没有从人文社会科学起源的时期开始研究，揭示其人才年龄随时间的变化情况，人文社会科学的发展轨迹；三是现有研究缺乏对人文社会科学主要学科人才年龄分布的共性与差异性的探索。

在人文社会科学成果超常涌现的周期性研究中，现有研究只是说明人类文明的发展过程存在成果周期性超常涌现的现象，并没有针对人文社会科学的发展过程是否存在成果周期性涌现进行研究，也没有分析出周期的时间间隔。

现有研究揭示了哲学中心、教育中心、科技中心的转移轨迹，但是哲学中心，教育中心都是人文中心的一个具体领域，缺乏对人文社会科学中心转移轨迹及转移方式的整体性研究。

总之，关于人文社会科学人才年龄与成果的时空分布，国内外学者已经取得了一些研究成果，但是无论在研究内容还是研究的深度上，都存在一定的不足与局限。因此，需要进一步更加深入地对人文社会科学人才年龄、成果时间分布与成果空间分布进行研究。

3 研究的理论基础、结构框架和数据采集

理论是研究开展的基石。人文社会科学人才年龄与成果产出的时空分布研究是一个跨学科的问题，各学科的理论为研究提供理论依据和指导。在理论基础上，构建研究逻辑框架，明确了研究的难点与重点，为研究提供方向性的规划。

3.1 理论基础

人文社会科学成果产出的年龄分布以及时空分布是一个复杂的跨学科问题，涉及到经济学、社会学、管理学、教育学、心理学、生理学、数学等多种学科的知识。其中，心理学、人文社会科学哲学和社会学的相关理论与该问题联系最为紧密，为进一步理解和分析人文社会科学成果创造与年龄关系，人文社会科学成果产出的时空分布提供丰富的理论指导。

3.1.1 心理学相关理论

心理学“Psychology”，它是由两个希腊文词根“Psyche”和“Logos”组合而成的，“Psyche”意思是灵魂或者思想，“Logos”是研究的意思。心理学是研究人的心理现象发生、发展、变化规律的一门科学①。心理学的研究内容非常丰富，主要包括人的意识、各种行为等。心理学发展至今，

① 郑红，樊洁．心理学原理与应用［M］．北京：清华大学出版社，2011：5.

已经形成了两个主要的体系结构，即基础心理学和应用心理学。这二者的主要研究对象和研究领域有所不同。基础心理学主要以人的各种心理活动为基础，研究人的心理现象，其中包括普通心理学、社会心理学、认知心理学等。应用心理学则是将心理学的理论基础应用到社会的各个领域，例如教育心理学、管理心理学等。

（1）认知发展理论

"认知发展理论"是由瑞士心理学家皮亚杰（Jean Piaget）提出的。皮亚杰主要通过对儿童的跟踪研究，观察和总结了儿童在对事物认知上的发生、发展的特点和规律，并以此为基础，提出人类认知的发展是有其自身的内在动因，这是由人类是一种主动的有机体所决定的，儿童作为人类生长的初期阶段，其思维的形成和发展有着明显的顺序性和阶段性。在对儿童的跟踪观察中，皮亚杰认为儿童对事物的认知发展是同化和顺化的矛盾统一，并由此逐渐成长的。在对儿童认知发展的规律和特点进行研究总结后，皮亚杰将这种发展过程划分为四个阶段，即感知运动阶段、前运算阶段、具体运算阶段和形式运算阶段。

皮亚杰的这种四阶段划分法具有鲜明的特点：阶段性，每个儿童的智力发展都不是一成不变的，而是呈现出个体差异，其阶段划分具有相对性，儿童智力的发展是从一种平衡发展到不平衡，然后再又平衡的过程，具有连续性，但是随着年龄的增长，处在不同的年龄段，认知的发展所呈现出的特点又不同，有着明显的阶段性；顺序性，儿童认知发展阶段呈现出固定的顺序性，且这种先后顺序是不可改变的，均是随着儿童年龄的增长，其智力的发展经历着从低到高的变化，从一个较为初级的阶段逐步发展到一个较为高级的阶段，从而慢慢达到最高水平。这些认知发展阶段的次序是固定不变的，既无法调换次序，也无法实现跨越。尽管如此，但个体的差异依然存在，由于生活环境、教育水平等影响因素的差异，不同儿童的认知发展在速度上会有所不同，其在相同的年龄可能会处于不同的认知阶段；儿童认知的发展存在不同阶段，这些阶段有着固定次序，前一个阶段是后一阶段的基础；儿童认知发展的各个阶段也有着不同时期，均存在着准备期和完成期。

（2）智力发展的一般趋势

美国心理学家 Bayley（1969）在对人类智力发展的趋势进行研究时，对一组人群从其出生开始就进行了 36 年的跟踪研究，其中运用了贝利婴儿量表、斯坦福—比纳智力量表、韦氏成人智力量表等工具进行测试，并以测得的数据为基础，通过一定手段处理为可以进行互相比较的“心理能力分数”，并绘制成曲线（图 3－1）。

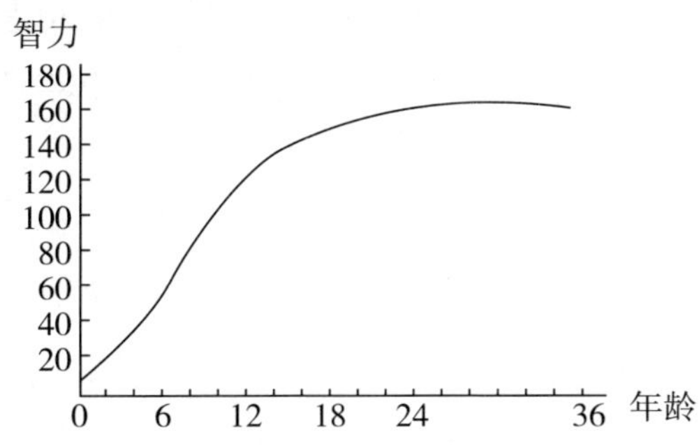

图 3－1　贝利（Bayley）智力发展曲线

通过对该数据和曲线的研究表明，人类的智力发展在 13 岁以前呈现出快速上升发展的状态，之后发展速度逐渐减缓，并在 25 岁左右达到顶峰，并随之保持到 35 岁左右，然后逐渐呈现下降趋势。

（3）流体智力与晶体智力理论

美国心理学家 Cattell 和 Horn（1966）年提出了智力的流体智力与晶体智力理论，他们认为人类的智力是由流体智力和晶体智力构成的。

在他们的理论中，人类的流体智力是人所固有的一种潜在智力，是由人的神经系统结构和功能决定的，社会环境和文化教育等对之影响较小，而遗传因素对其学习、分析、解决问题等能力有一定影响。例如，短期记忆能力、思维反应能力等。而当人的神经系统受到伤害时，就会对这种流体智力产生不良影响。这种流体智力具有可转换性，能够转换到人类生活中大部分的智力练习活动中。

根据他们的理论，晶体智力主要是在后天的学习和积累过程中逐步获得并增强的，文化、教育、知识经验的积累等因素对其影响较大，是流体智力在不同的文化环境、教育背景下的作用和转换结果。例如，在后天学习的知识、计算能力等方面，存在着大量的知识和技能，不同的人有着不同的学习能力，而这大多来自于后天学习的经验积累和结晶，故而取名晶体智力。

流体智力和晶体智力共同构成了人类的智力，但二者的发展却存在较大的差异性。流体智力随着人类年龄的增长呈现出较大的波动性，通常在15岁左右达到高峰，随后逐步下降。而晶体智力在人类年龄增长、经验积累的同时，不仅会逐步增长，而且能够长期保持，在30岁左右达到顶峰后可以保持到60岁左右才会逐步衰退。流体智力与晶体智力相比，前者更容易受到个体差异的影响。

（4）创造力系统理论

Gruber（1988，1998）等人提出了一个理解创造力的发展性进化系统模式（Developmental Evolving Systems Model）。该模式包括个体的动机、知识和情感三个子系统。动机系统主要是指人所做事情的目的、感兴趣的目标等，是人们行为发生的出发点，并引导行为的进行；知识系统受到后天学习和经验积累的影响，并随之不断地更新并逐步完善；情感是指在人们行为的进行中、学习中、经验的积累过程中所体会到的感觉，包括快乐、挫败感等①②。

动机、知识和情感三者是相互影响、相互作用的，会对不同的人在处理不同的问题时产生不同的影响，并且这种差异会不断被强化、放大，新的知识、思维方式等就随之逐渐产生，呈现出“进化”的态势，最终创造性地得到新的知识和理论、思维方式等。这也是一种“适者生存”式的进化。在Gruber的理论发展中，他将动机系统换为目的系统，以求更加完善，认为目的、知识和情感之间是“松散地连接着的”，而目的性是创造性工作的根源和中心。

---

① Gruber，H. E. The evolving systems approach to creative work. Creativity Research Journal，1988，1：27－51.

② Gruber，H. E.，Wallace D. B. The Case Study Method and Evolving Systems Approach for Understanding Unique Creative People at Work. Runco，M. A.，Albert.（Ed）. Theories of Creativity. ［M］. 1999：93－115.

3.1.2 人文社会科学哲学相关理论

人文社会科学哲学是关于人文社会科学的本质、特点、规律、方法等问题的哲学探索，它以人文社会科学的活动及其结果为对象，忽略人文科学与社会科学内部各具体学科之间的差异和区别，在与自然科学的参照与比较之下，就人文社会科学是否、能否和何以成为科学等基础性和前提性问题进行探索，为人文社会科学研究提供方法论指导①。

（1）人文社会科学成果的定性价值与定量价值

欧阳康在《人文社会科学哲学》一书中指出：人文社会科学成果是事实与价值、认知与评价的相互交织和统一。人文社会科学强大的价值功能，但其价值还存在着质与量的差别，因此，人文社会科学成果是定性价值与定量价值的统一，从质的方面上看，应从研究成果的经验基础或理论基础出发，考察其逻辑是否完善通顺，结论是否经得起检验；从量的方面上看，应以研究成果的科学性大小、难度高低、社会影响力等方面为主要评价维度。任何人文社会科学成果价值都具有量与质的两个方面，其在质方面的价值（定性价值）是在量方面的价值（定量价值）的基础，定量价值是定性价值的延伸和展开②。

（2）人文社会科学发展的社会环境条件

人文社会科学的发展和价值的实现受人文社会环境条件的制约，人文社会环境主要包括社会经济环境、民主政治环境、文化心理环境等③。

人文社会科学发展和功能的实现，是以社会经济环境作为最基本的基础条件的。首先，社会经济关系是何种性质，经济状况如何，社会经济环境是否成熟，等等，都对人文社会世界产生着重大影响，而人文社会科学真实研究人文社会世界的一门学科，注定会受到重大影响，并随之对研究者主体的

---

① 欧阳康．人文社会科学哲学［M］．武汉．武汉大学出版社，2001：4.

② 欧阳康．人文社会科学哲学［M］．武汉．武汉大学出版社，2001：503－504，187－188.

③ 欧阳康．人文社会科学哲学［M］．武汉．武汉大学出版社，2001：503－504，187－188.

人格和素质产生影响。其次，社会经济发展的水平决定了社会财富的积累程度，从而直接影响了社会中对人文社会科学研究领域的需求和支持投入总量。

一个社会是否有着充分的民主政治环境，对人文社会科学的研究发展和功能实现是否能够得到充分保障至关重要。人文社会科学有着自己非常独特的地方，其在价值观上并非完全中立，而是带有一定的价值取向，天生具有对社会进行批判、规范社会、社会创新和变革的功能。人文社会科的研究成果能够对社会中政府的执政政策产生影响，甚至能够影响到整个社会的政治文化、政治环境，并对社会权利产生影响。因此，为了使人文社会科学能够更好的规范社会、造福社会，就需要社会政治的民主，保障政治环境的宽松与自由，保护科学的探索，保护各种理论、观点、方法、思想的存在与交流。

文化心理是在一个社会漫长的发展过程中由“历史沉淀”而来的，反映出了一个社会内心深处的价值观。因此，文化心理对人文社会科学的影响表现在其研究的重点和受重视程度，以及人文社会科学研究中的价值取向和研究范式。由此可见，文化心理环境对人文社会科学的发展和价值实现的社会环境有着重要影响。

（3）人文社会科学发展的动力与内在机制

欧阳康（2001）提出人文社会科学发展的动力系统：人文社会科学的自我扬弃，社会实践的合理化发展，以及人文社会科学认识主体的能动性创造、内在超越和自我批判能力的发展，这三者相互影响、相互渗透、相互作用，构成了人文社会科学进化发展的动力之源①。

人文社会科学发展的内在机制出发点是“新科学理论的提出和转换是旧有理论与新的经验事实之间的矛盾激化的结果”，“人文社会科学发展的内在机制应该在人文社会科学研究的思维工具、思维模式、研究范式、交流方式等的变革和转换及其相互作用中去寻找”②。

---

① 欧阳康．人文社会科学哲学［M］．武汉：武汉大学出版社，2001：210－222，224－229.

② 欧阳康．人文社会科学哲学［M］．武汉：武汉大学出版社，2001：210－222，224－229.

3.1.3 社会学相关理论

社会学是对人类社会作整体研究的社会科学。社会学的研究范围广泛，包括了由微观层级的社会行动或人际互动至宏观层级的社会系统或结构①。目前，社会学发展成为多个分支学科：应用社会学、文化社会学、比较社会学、历史社会学、教育社会学等。关于社会的发展和变迁的理论是社会学三大理论基础之一，学者的观点“仁者见仁，智者见智”。

（1）波普尔的知识进化论

波普尔在《猜想与反驳》（1986）与《科学知识进化论》（1987）中指出，与生物进化的方式一样，客观知识的进化也是在竞争中实现的。在层出不穷的科学理论中，客观知识要接受竞争的检验，通过生存的竞争和自然选择才能实现发展。知识的进化就是发现问题、解决问题、产生新问题、再次解决问题的曲折前进过程，即首先是发现一个需要解决的问题，然后着手对问题进行研究，尝试解决，经过一系列的检验、证伪后消除可能出现的错误，随后产生新的问题，再次尝试解决和排除，在这长期循环往复的过程中，产生和检验出新的理论、知识。波普尔并就此指出，促进人类进化、宇宙多层次进化的不是所谓的“造物主”，而是科学知识的不断创新和发展。但“科学知识的增长并不是指观察的积累，而是指不断推翻一种科学理论，由另一种更好的或者更合乎要求的科学理论取而代之”②。

（2）哈贝马斯的学习进化论

哈贝马斯在《重建历史唯物主义》（2000）一书中，阐述了社会进化的理论，他认为社会的进化过程就是一个不断学习和发现新知识的过程。社会进化的过程更重要的是随着人们对知识的认识和学习，不断发掘对知识创造、认识和学习的潜能，从而实现的，并不仅仅是通过基因的变化而来。社会中个人所具有的能力，是决定社会进化过程的主要因素。社会中个体的人是难以获得有效的学习能力的，只有当个体融入其生活的社会结

---

① 安东尼·吉登斯. 社会学［M］. 北京：北京大学出版社，2009：4－5.

② 波普尔. 猜想与反驳［M］. 上海：上海译文出版社，1986：307.

构中时，才能获得有效的学习能力。学习的过程不仅仅是在技术上可以认识和运用知识，同时也是在道德和实践中进行领悟和运用。社会有效的进化不仅仅是指对新知识、新领域的有效学习和认知，更重要的是发现了其中存在的新问题。社会的进化过程就是学习的过程，其本身在任何发展阶段都产生新的动力推动发展的进行，而这种新动力同时也是新知识和新一个历史时期的需求。

3.2 研究框架

繁荣与发展人文社会科学具有重大的理论与现实意义，发展人文社会科学不能仅讨论其抽象属性，需要深入探讨发展的规律性，进而指导具体实践。人文社会科学的发展是一个抽象的概念，而成果是人文社会科学发展的载体，因此，本文围绕人文社会科学成果产出，立足于心理学、人文社会科学哲学、社会学等相关理论基石，立足于1400—1969年的人文社会科学成果产出年龄、国籍等数据，综合运用统计模型，力图描述人文社会科学成果的年龄分布以及成果时空分布特征。

研究的具体思路是：①梳理“人文社会科学成果”与“人文社会科学发展”文献资料，形成理论基础，提出三个假设：“人文社会科学成果产出的年龄存在规律性”，“人文社会科学成果产出具有周期性”，“人文社会科学成果空间分布存在‘中心’转移”。如果能收集足够多的人文社会科学家创造成果的年龄、国籍数据就可以绘制出人文社会科学成果的年龄分布情况、成果时间波动以及成果时空分布轨迹，进而检验假设的真伪性。②数据采集以人文社会科学家一生的“代表作”作为成果的判定标准，从《大不列颠百科全书》上收集1400—1969年的成果创造年龄与国籍信息，在此基础上选择模型并检验假设，解决是否存在规律性的问题。③如果通过检验假设成立，进一步探讨规律是什么，通过模型拟合出人文社会科学成果产出的年龄分布，时间序列波动周期以及空间分布转移轨迹，用人文社会科学的语言描述成果产出的年龄属于什么分布，人文社会科学成果产出的周期是多少年，人文社会科学“中心”在各国家之间如何转移。④对假设及研究结论进行内在必然性解释，由于制约因素的复杂性，在此只对结论进行逻辑层次上的合理性解释。研究逻辑概括起来：“理论和方法探讨—提出研究假设—数据分析与假设检验—对假设的合理性解释”。研究逻辑框架如图 3 –2 所示。

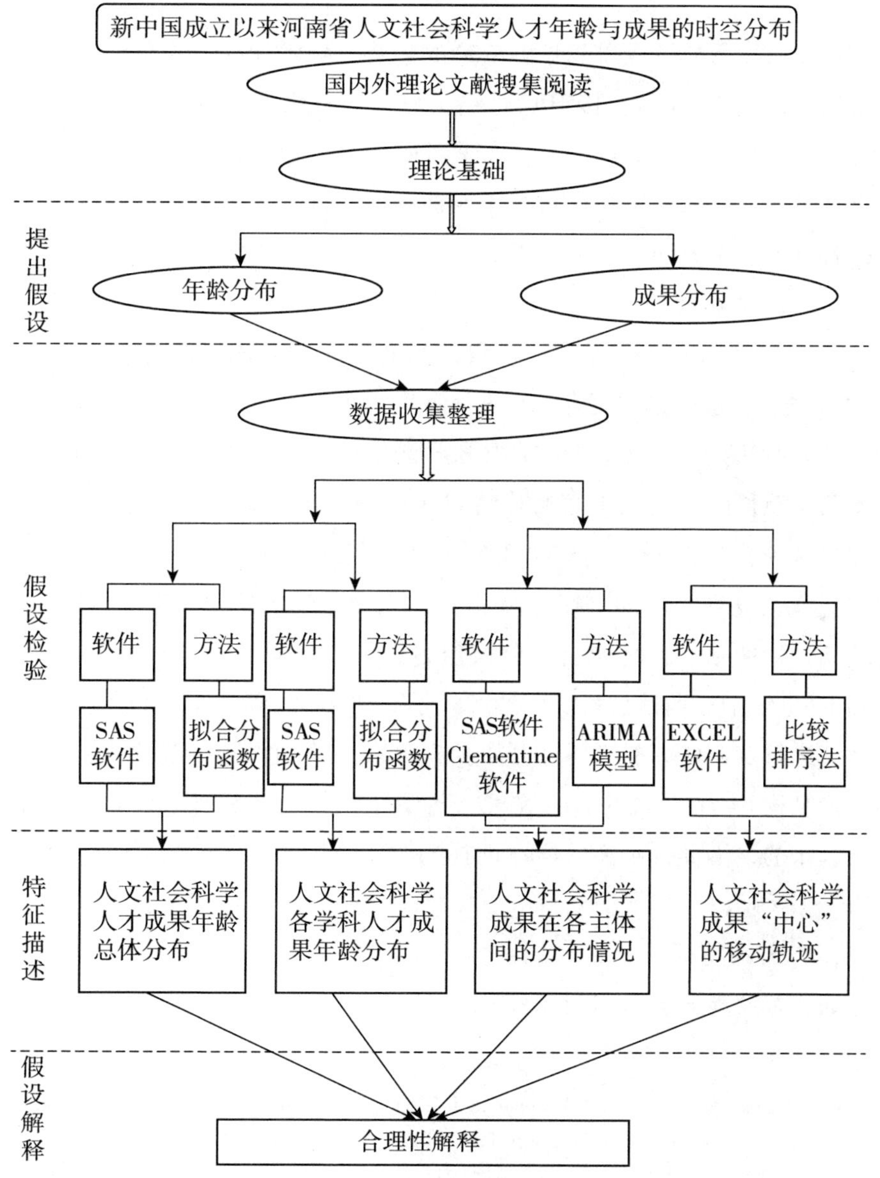

图 3 –2　本文研究的逻辑框架图

3.3 样本选择与数据来源

3.3.1 样本选择

年龄曲线反应了成果随年龄变动的趋势。年龄曲线的变化受多种情况的影响，莱曼 Lehman（1953）总结了三点：成果所属的类型；对优秀成果的定义；测量方法的选取。① 在学者的研究结论中，由于对成果与年龄的定义不同，会形成不同形状的年龄曲线。因此，对人文社会科学成果的选择有以下六个方面的选择依据。

（1）时间跨度

人文科学是一门最古老的学科，当时的人类各种学问都统一表现为"智慧之学"，也就是"哲学"。从某种意义上说，人类最早的学问就是人文科学。但从直接意义上看，人文科学诞生于14—15 世纪，此时欧洲思想界逐渐从漫长的中世纪黑暗时代醒过来，向占统治地位的神学进行挑战。欧洲的这场思想文化引动从 14 世纪中叶持续到 17 世纪初，这一时期也被称为"文艺复兴"时期。15—16 世纪，人文科学的拉丁文 Humanists 一词在欧洲开始使用，此时社会科学被包容在人文科学中，并持续了几百年，直到 18 世纪中后期社会科学中的经济学、社会学、政治学等以经验的方法对社会进行实证研究的学科才开始独立出来，19 世纪逐渐建立自己的系统的理论结构。② 可以看出，人文社会科学是从"文艺复兴"时期开始繁荣发展起来的，因此，本文的样本选择的时间范围也从 15 世纪开始至 20 世纪末。

（2）寿命特征

人文社会科学与自然科学相比，有其自身的特性。"自然科学研究相

---

① Lehman H. C. Age and Achievement. in Harry R. Moody. Aging – Concepts and Controversies ［M］. California：Pine Forge Press. 1994：372 – 377.

② 吴鹏森，房列曙. 人文社会科学基础［M］. 上海：上海人民出版社，2011：9 – 13.

对更需要活跃的思维和敏锐的观察判断能力，而人文社会科学研究则相对更需要知识和社会阅历的积累，其优秀学术成果更能体现厚积薄发的特点。”① 学者有可能在生命周期即将结束的时候，创作出优秀的作品。例如，美国历史学家安德鲁斯（Charles McLean Andrews），生于1863年，卒于1943年，其代表作《美国殖民史》（《The Colonial Period of American History》）创作于1934—1937年，1935年安德鲁斯凭借该作品的第一卷赢得“普利策”奖的时候，已经是72岁高龄，安德鲁斯在生命周期即将结束的时候才完成了第四卷。由于人文社会科学的成果创造具有厚积薄发的特点，学者直到生命的结束时刻，都有可能产生优秀成果，因此，本文的样本选择卒于2013年1月1日之前的人文社会科学家，以保证所选样本的完备性。

（3）“成果”定义

Simonton（1988a）指出，年龄与成果的关系曲线形状，取决于如何定义“成果”②。在此，本文将作品质量作为定义成果的标准。选取学者的最佳作品，也就是对人类文明贡献最大，社会影响力最大的一部作品（书籍或论文），作为学者的“代表作”，即“成果”，并且该作品可以书籍形式出版，也可以是发表的论文。例如，亚当·斯密（Adam Smith）的代表作为《国富论》，卢梭（Jean - Jacques Rousseau）的代表作为《社会契约论》。也有学者提出按作品的产量作为衡量成果的标准，认为作品高产的时期也是最容易出最佳作品的时期。③ 但是，用产量作为评价标准，会缩小样本的范围，例如，根据人文社会科学成果创造的厚积薄发的特点，有的学者几十年磨一砺，终身只留下唯一一部价值非常高的作品，没有高产期出现，按照数量的标准，该学者就被排除在了研究范围之外。很显然，这样的选择是不符合实际的，人为的缩小了样本的范围。

---

① 周大亚．学术大师的启示——中国社会科学院学术大师学术年龄特点分析［J］．社会科学管理与评论，2004（1）：41 -47.

② Simonton，D. K. Age And Outstanding Achievement：What Do We Know after A Century Of Research?［M］. Psychological Bulletin，1988a，104：251 -267.

③ Simonton，D. K.，Creative Productivity through the Adult Years［J］. Generations，1991，15（Spring）：13 -16.

"成果"的判断有一种特殊情况，当学者一生创作多部优秀作品，各作品之间的价值无法做出排序，此时，将这些作品中最早闻名于世，引起社会影响的一部作品作为"代表作"。例如：英国历史学家菲利普·亨利·斯坦霍普（Philip Henry Stanhope），一生撰写了多部历史著作，其中1829年、1832年、1853年的作品均为重要著作，后人难以判断哪一部最重要。此时，就将最早的作品（1829年的《贝里萨留斯的一生》）列为代表作。

（4）年龄取值

"年龄"是本文一个最重要的数据，在此的年龄是指学者的实际年龄，以代表作出版的时间为准，但是如果代表作只是手稿形式留存，没有出版，或在学者死后得到出版，此时以手稿完成时间为准。例如，德国哲学家亚瑟·叔本华生于1788年，其代表作《The World as Will and Representation》完成于1818年，1819年得到出版，则叔本华的成果年龄为31岁。

需要说明的是，对于多卷宗的作品，如果某一卷就得到重视，则以该卷出版的时间为准。例如，美国历史学家安德鲁斯（Charles McLean Andrews），生于1863年，卒于1943年，其代表作《美国殖民史》（《The Colonial Period of American History》）创作于1934—1937年，1935年安德鲁斯凭借该作品的第一卷赢得"普利策"奖，则安德鲁斯的成果年龄为72岁。如果没有出现上述情况，则取作品整体完成并得到出版时对应的学者的年龄。另外，有些巨著的写作过程长达几十年，而作者在作品完成之前去世，著作由他人续写完成。此时，取第一位作者逝去的年龄。例如，巴托尔德·乔治·尼布尔（Barthold Georg Niebuhr）生于1776年，卒于1831年，其代表作《罗马历史》（《Roman History》）完成于1932年，在他去世后由约翰内斯·克拉森（Johannes Classen）编辑完成。在此，年龄就取55岁。

（5）学科范围

人文科学研究具有很强的个体性和独特性，它侧重于对人类自身的价值和意义的体验和思考。① 其探讨生命的价值、行为、目的及其意义的途

① 欧阳康．人文社会科学哲学［M］．武汉：武汉大学出版社，2004：118－120.

径和方法主要是通过“解释”与“理解”。① 换言之，文学作品不是科学，但以文学作品为研究对象的学问是科学。社会科学以人类社会为研究对象，包括经济、政治、社会活动等社会现象。关于人文社会科学的学科分类，不同的机构、组织形成了不同的标准与系统。本文参考《大不列颠百科全书》、联合国教科文组织出版的《社会及人文科学研究中的主流》，以及“经济合作与发展组织”（OECD）制定的《弗拉斯卡蒂手册》中对“人文科学”“社会科学”的学科分类。在此提出的“人文社会科学”学科分类包括：哲学、历史学（历史以及学科史）、考古学、宗教学、语言学、文学（以文学作品为研究对象的学问，即文学理论与文学评论，不包括小说、诗歌等文学创作）、艺术（以艺术作品为研究对象的学问，即艺术理论与艺术评论，不包括绘画、雕塑等艺术创作）、政治学、经济学、社会学、心理学、法学以及人类学在内的13个学科。

一个学者的研究可能涉及多个学科领域。例如，亚伯拉罕·马斯洛（Abraham H. Maslow）既是心理学家又是哲学家。一般情况下，以该学者影响力最大的成果所在学科为依据。马斯洛最著名的是其心理学著作《自我实现理论》，因此，该学者应归于心理学领域。

（6）所属国家

Simonton（1975）研究发现，人才的创新受国家政治分裂、政局不稳的负面因子影响，外部宏观环境因子包括：时代精神、政治格局、战争、文明冲入、政治稳定性②。由于人文社会科学家具有流动性，一生可能在不止一个国家留下足迹，特别是在战乱年代，人口的流动性表现的更为明显。本文中的人文社会科学家所属国家是指，为人文社会科学家成果的研究提供“土壤”的国家，并不一定和科学家所属国籍相一致。例如，施特劳斯（Leo Strauss）1899年9月出生在德国，1932年到巴黎，1937年移民美国，1948年其代表作在美国出版，因此，本文认为其“国家”是美国。

① 袁曦临．人文社会科学学科分类体系研究［D］．南京：南京大学出版社，2011：38－40.

② Simonton D. K. Sociocultural Context of Individual Creativity：A Transhistorical Time－Series Analysis［M］. Journal of Personality and Social Psychology，1975b，32：1119－1133.

这里的“土壤”是指人文社会科学家所处的外部社会环境，并不是自然环境，因为存在一种特殊情况，如人类学、考古学这种需要实地考察的学科，虽然遗址所在地为科学的研究提供了“土壤”，但这是自然环境的“土壤”，不能反映出“人文强国”所具有的内在特征。

3.3.2 数据来源

本文数据主要来自于中文版《简明不列颠百科全书》，并进一步查找了《世界人文社会科学名人录》，以及利用“谷歌学术”“维基百科”“百度百科”等网络资源对模糊或不安全信息进行确认或补充。

《不列颠百科全书》自1768—1771年问世以来，经过定期更新修订，已经有两百多年的历史，该书享誉世界，对人类文明进程做出了重大贡献。《不列颠百科全书》素以学术性强、权威性高著称，也是我国知识界最熟悉的百科全书。1979年11月，邓小平在接见该公司编委会主席与总裁时指出：“全世界都知道《大不列颠百科全书》在学术领域内具有权威性的地位。我们中国的科学工作者把你们的百科全书翻译过来。从中得到教益，这是很好的意见事情。”① 1980年8月，中美②签订了合作编译出版中文版《简明大不列颠百科全书》的协议书，美方提供第15版的最新修订稿及图片。参加原书第15版撰稿的4300多位专家、学者来自130多个国家，均为学术领域的权威人物，诺贝尔奖获得者一百余人先后为该书撰稿，其中包括爱因斯坦和居里夫人。中文版的译者和撰稿人均为中国学术界的著名专家学者。

中文版《简明大不列颠百科全书》的翻译以原书《百科简编》为主，对原文只译不改，只是对条目的释文与图片进行删减。本文只采集姓名、生卒年份、国籍、学科领域、代表作出版或写作年份等信息，因此删减部分对本文的数据采集不会造成影响。

---

① 中国大百科全书出版社《简明大不列颠百科全书》编辑部．简明大不列颠百科全书［M］．北京：中国大百科全书出版社，1985（6）：1.

② 《大不列颠百科全书》于1768—1771年问世．第一版首创于苏格兰的爱丁堡．以后各版在伦敦及剑桥出版．20世纪初，该书版权转让给美国。

中文版《简明大不列颠百科全书》自 1985 年第一版问世以来，经过了多次再版，但是内容并没有发生实质性的变化。本文所用数据来源于 1985 年版的十卷，以及 1990 年的增补卷，共 11 卷，经过筛选共得到 1391 个样本。

1391 个样本中，成果创造年龄最小的是 16 岁，最大的 91 岁。按年龄段划分，20 岁以下（含 20 岁）有 5 个样本，81 岁以上（含 81 岁）样本数量为 16 个。21 ~ 80 岁如果以 10 年为一个年龄组，那么共有 6 个年龄组，各组的样本数量分别为 136 个、383 个、428 个、231 个、130 个以及 62 个，41 ~ 50 岁年龄组的样本数量最大。

1391 个样本不均衡地分布在 13 个人文社会科学学科，其中样本数量在 100 个以上的学科有，历史学 284 个，哲学 262 个，经济学 120 个，人类学 104 个，其他各学科的样本数都在 100 个以内。

从 15 世纪至 20 世纪末，各世纪的样本数量呈现增长趋势。1391 个样本主要所属国家是意大利、法国、德国、英国和美国，这五个国家的样本数就占 1091 个，其中，意大利 55 个，法国 212 个，德国 210 个，英国与美国分别为 287 个与 334 个。

4 人文社会科学人才成果年龄的对数正态分布

在人文社会科学共同体中，虽然个体成长轨迹有自己的独特之处，但在成长过程中也有共同的阶段性特征。年龄是人公开显现的客观特征，是人的自然属性，也是阶段性划分的重要参考依据。

1874 年，Beard 最先开始研究年龄与成果之间的关系，但是，Beard 的研究并没有引起人们的关注。直到 1953 年 Lehman 发表著作《年龄与成果》之后，学者们开始普遍关注年龄与成果的问题，通过对人文社会科学领域学者的年龄与成果研究，得到不同形状的年龄曲线，概括起来大体有三种类型：第一种是单峰的年龄曲线，即成果产出随着年龄不断增加，达到高峰后，开始呈现下降趋势，概括起来是一种“倒—U”型的趋势，或者与“倒—U”型稍有区别“倒—反—J”型；第二种形状是“双峰”型，在年龄曲线上出现两次高峰。“双峰”曲线也分两种情况，一种是在第二个高峰过后出现下滑，另一种情况是在学者生命周期的尽头出现第二次高峰；第三种是线性关系，成果产出与年龄增长成正比或者反比。

年龄与成果的关系研究最先始于自然科学领域，并且取得了丰富研究成果。而人文社会科学家年龄与成果的研究起步较晚，文献量也较少。半个世纪以来，学者之间展开了激烈争论，对成果与年龄的关系进行了各种推测与描述，但是，文献表明，从 15 世纪以来，人文社会科学人才成果年龄分布的总体描述尚属空白。显然，揭示人文社会科学人才长时段成果年龄分布的整体特征，描述和研究人文社会科学人才的成果年龄规律，具有重要的理论意义与实践意义。

4.1 人文社会科学总体人才成果年龄分布的统计描述

按照生理学观点，当超过一定年龄之后，人的记忆力会随着年龄的增长而衰退，而人的理解力又是随着年龄的增长而增长。一个人创造力最好的年代是记忆力最好、理解力最强的年龄区间。这个阶段的人才既有一定的社会实践经验，又处于人生精力充沛、思维敏捷、极富有创造力的辉煌时期，是成果产出的最佳时期与阶段。

4.1.1 人才成果年龄分布的描述统计分析

表4－1所示，人文社会科学人才成果产出在各年龄段出现的频率，也就是各年龄组所做出的成果的次数。41～50岁，年龄组产出的成果数量最多，占总量的30.77%，其次是31～40岁年龄组。

表4－1 人文社会科学人才成果产出与年龄的统计数据

年龄区间	数量	%	年龄区间	数量	%
20岁以下	5	0.36	51～60	231	16.61
21～30	136	9.78	61～70	130	9.35
31～40	383	27.53	71～80	62	4.46
41～50	428	30.77	81岁以上	16	1.15

表4－2中，有效观测值1391个，人文社会科学家成果产出的年龄最小值是16岁，最大值91岁，均值45.93岁，众数41岁，偏度系数是0.628，峰度系数0.022，人文社会科学人才成果频率经验分布呈现右偏态，尖锋厚尾的特征。

表4－2 人文社会科学人才成果产出频率描述

	均值	最大值	最小值	标准差	中位数	众数	偏度系数	峰度系数
N＝1391	45.93	91	16	13.21	44	41	0.628	0.022

需要强调的是，表4－2中的众数41岁是指人文社会科学成果创造的峰值年龄。该结果与Beard在1874获得的峰值年龄（40岁）相互印证，

也与自然科学成果创造的峰值年龄（37 岁）① 形成鲜明对比。

图 4 –1 是人文社会科学领域人才成果年龄分布次数的直方图。在本文中，年龄取值精确到年份，数值是整数。为保证年龄区间的划分能够包含所有的数据值，避免出现在整数端点处重复取值，因此从 12. 5 岁开始，以 5 岁为一个区间长度划分各年龄组。

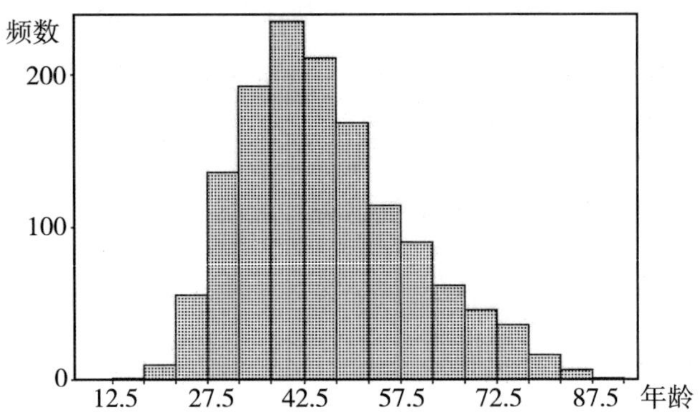

图 4 –1　人文社会科学人才成果年龄分布直方图

4. 1. 2　人文社会科学成果年龄分布的拟合检验

由上述描述统计分析结果可以看出，人文社会科学成果频率经验分布呈现右偏态，尖锋厚尾的特征。因此，利用 SAS 统计软件中的 INSIGHT 模块对数据进行正态分布、指数分布、对数正态分布与威布尔分布拟合检验，然后选择拟合效果最优的一种，拟合分布见图 4 –2，拟合优度检验结果见表 4 –3。

表 4 –3　人文社会科学人才成果分布拟合优度检验结果

分布检验

曲线	分布	均值/Theta	Sigma	Zeta/C	Kolmogorov D	Pr > D
——	正态	45.9252	13.2147	.	0.0755	<.01
——	对数正态	0	0.2870	3.7862	0.0234	0.0651
——	指数	0	45.9252	.	0.4076	<.01
——	威布尔	0	50.8534	3.6615	0.0801	<.01

① 梁立明，赵红州．科学发现年龄定律是一种威布尔分布［J］．自然辩证法通讯，1991（1）：28 –36.

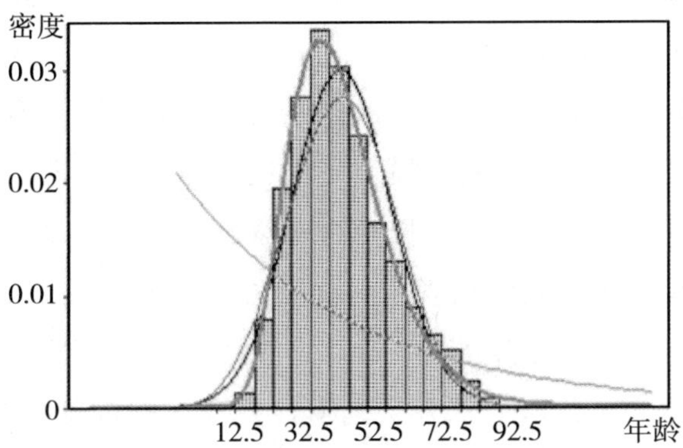

图 4-2　人文社会科学人才成果的拟合分布

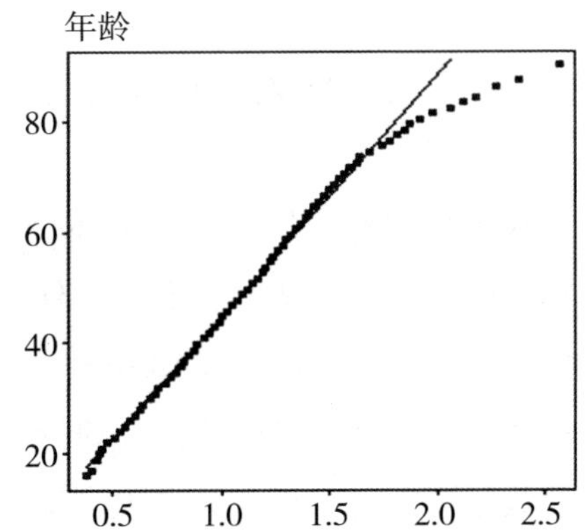

图 4-3　对数正态分布拟合分布 Q-Q 图

从表 4-3 可以看出，正态分布、指数分布、威布尔分布三种检验方法的 P 值均小于 0.05，应拒绝原假设；只有对数正态分布的 P 值为 0.0651 大于 0.05，表明对数正态分布的拟合效果较好，可用对数正态分布来近似人文社会科学人才成果的概率分布函数。

对数正态分布概率密度函数为：

$$f(x) = \begin{cases} \dfrac{1}{x\sigma\sqrt{2\pi}} e^{-\frac{(\ln x-\theta)^2}{2\sigma^2}}, x > 0 \\ 0, \text{其他} \end{cases}$$

θ 表示变量对数的均值，σ 为变量对数的标准差。从分布拟合检验结果中可以得出：$\sigma=0.29$，$\theta=3.79$。

对数正态分布在寿命实验中经常会遇到，一个广泛使用的寿命分布模型，有很多学者已证明特别用该模型来描述寿命分布是非常合适的。① 从开始时刻一直到事件发生的时间长度的观测数据被称为寿命。例如，电器的失效时间、吸烟者中癌症出现的时间、科学家取得成果的时间，等等。虽然我们所得到的观测资料并不一定总是指严格意义上的寿命，但是就某个群体中的个体而言，这个从开始到事件发生的时间就被称为“寿命”。这里的 x 表示做出成果的人文社会科学家的年龄，$F(x)=p(\xi<x)$ 表示年龄小于 x 的人文社会科学家做出成果的概率。

4.2 人文社会科学不同时期人才成果年龄分布的统计描述

人才的成长受到内外各种因素的影响，Simonton（1975）指出，时代精神、政治格局、战争、文明冲入、政治稳定性等外部宏观环境因子对人才的创新活动具有影响②。文化结构也是人才成长的一个重要影响因子③。因此，不同时期的人才成果年龄的分布有其各自的特点。利用 SAS 统计软件中的 INSIGHT 模块对数据进行对数正态分布拟合检验。

4.2.1 各世纪人才成果年龄分布的统计与拟合

表 4－4 与图 4－4 所示，1400—1990 年人文社会科学成果数量逐世纪递增，各世纪成果分布中，16、18、19 世纪的占成果比例最大的是 31～40 岁年龄组，15、17、20 世纪则是 41～50 年龄组。

---

① 周凤麟．对数正态回归模型的统计诊断［D］．贵州财经学院，2009.

② Simonton D. K. Sociocultural Context of Individual Creativity：A Transhistorical Time－Series Analysis［M］．Journal of Personality and Social Psychology，1975b，32：1119－1133.

③ Simonton D. K. Individual Genius within Cultural Configurations：The Case of Japanese Civilization［J］．Journal of Cross－Cultural Phychology. 1996（5）：354－375.

表 4－4 1400—1990 年按世纪划分人文社会科学成果与年龄的统计数据

年龄组（岁）/成果/年份	20 岁以下		21～30		31～40		41～50		51～60		61～70		71～80		81 岁以上		按年代合计
	数量	%	数量	%	数量	%	数量	%	数量	%	数量	%	数量	%	数量	%	
1400—1500	—	—	2	7. 14	7	25	6	21. 43	2	7. 14	6	21. 43	4	14. 29	1	3. 57	28
1500—1600	—	—	5	11. 63	8	18. 60	12	27. 91	11	25. 58	5	11. 63	2	4. 65	—	—	43
1601—1700	—	—	5	6. 17	14	17. 28	28	34. 57	18	22. 22	10	12. 35	6	7. 41	—	—	81
1701—1800	2	1. 60	12	9. 60	37	29. 60	29	23. 20	25	20. 00	8	6. 40	8	6. 40	4	3. 20	125
1801—1900	1	0. 22	70	15. 49	135	29. 87	131	28. 98	64	14. 16	35	7. 74	11	2. 43	5	1. 11	452
1900—1990	2	0. 30	42	6. 34	182	27. 49	222	33. 53	111	16. 77	66	9. 97	31	4. 68	6	0. 91	662
合计	5	0. 36	136	9. 78	383	27. 53	428	30. 77	231	16. 61	130	9. 35	62	4. 46	16	1. 15	1391

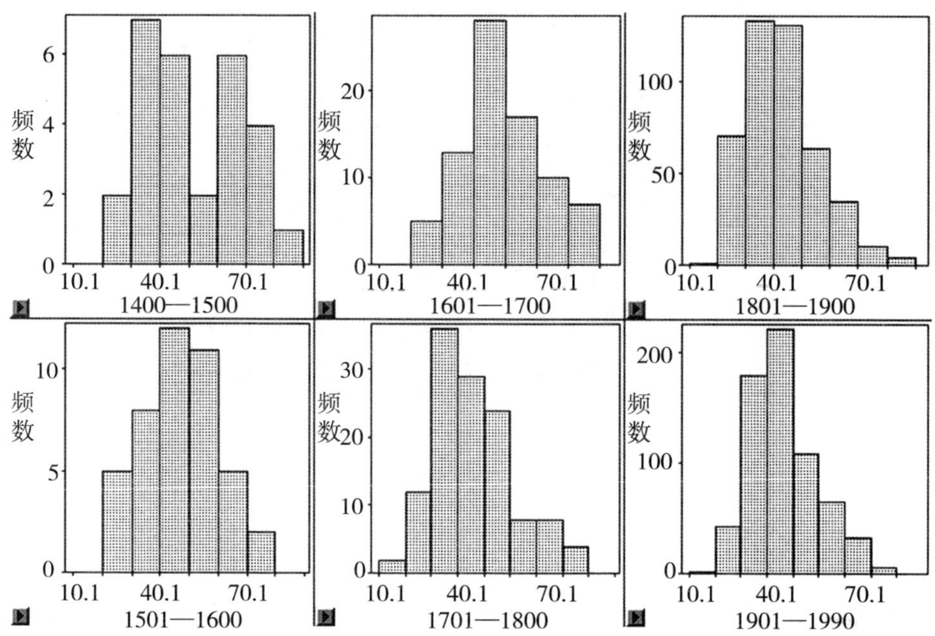

图 4－4　1400—1990 年按世纪划分人文社会科学成果与年龄的直方图

（1）15 世纪人文社会科学人才成果分布的拟合检验

如图 4－5 与表 4－5 所示，用对数正态分布对 15 世纪人文社会科学的成果分布进行拟合，在拟合优度的检验结果中，P 值 >0.15 >0.05，表明 15 世纪人文社会科学的成果分布服从对数正态分布。

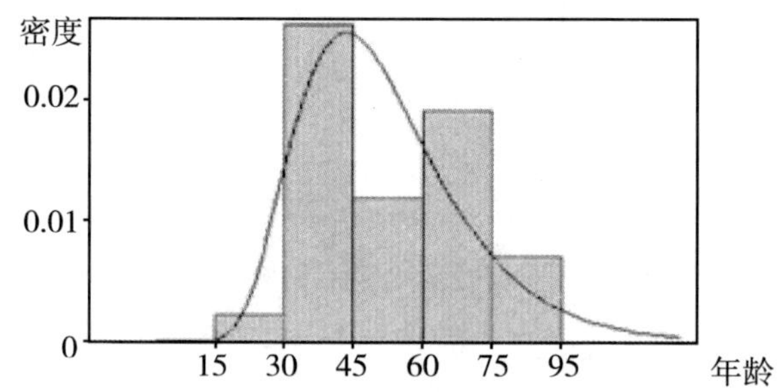

图 4－5　15 世纪人文社会科学成果拟合分布图

表 4－5　15 世纪人文社会科学成果分布拟合优度检验结果

分布检验						
曲线	分布	均值/Theta	Sigma	Zeta/C	Kolmogorov D	Pr > D
——	对数正态	0	0.3418	3.8986	0.1410	>.15

（2）16 世纪人文社会科学人才成果分布的拟合检验

图 4 –6 和表 4 –6 所示，用对数正态分布对 16 世纪人文社会科学的成果分布进行拟合，在拟合优度的检验结果中，P 值 >0. 15 >0. 05，表明 16 世纪人文社会科学的成果分布服从对数正态分布。

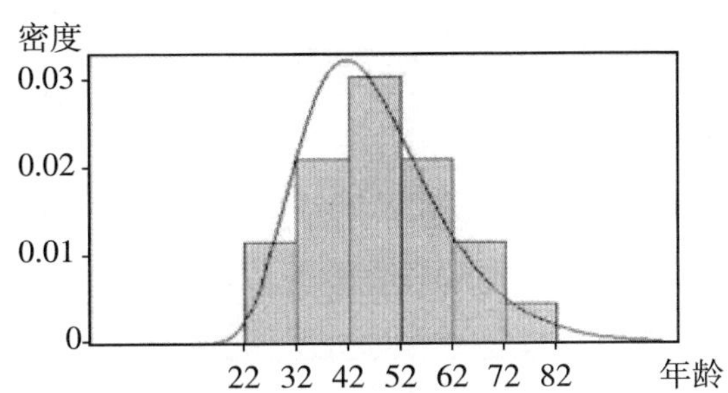

图 4 –6　16 世纪人文社会科学成果拟合分布图

表 4 –6　16 世纪人文社会科学成果分布拟合优度检验结果

分布检验						
曲线	分布	均值/Theta	Sigma	Zeta/C	Kolmogorov D	Pr > D
————	对数正态	0	0.2871	3.8197	0.0705	>.15

（3）17 世纪人文社会科学人才成果分布的拟合检验

图 4 –7 与表 4 –7 所示，用对数正态分布对 17 世纪人文社会科学的成果分布进行拟合，在拟合优度的检验结果中，P 值 >0. 15 >0. 05，表明 17 世纪人文社会科学的成果分布服从对数正态分布。

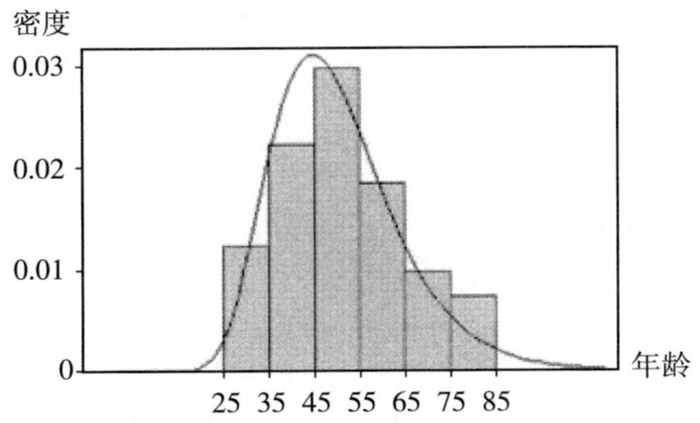

图 4 –7　17 世纪人文社会科学成果拟合分布图

表 4 –7　17 世纪人文社会科学成果分布拟合优度检验结果

分布检验						
曲线	分布	均值/Theta	Sigma	Zeta/C	Kolmogorov D	Pr > D
————	对数正态	0	0.2753	3.8870	0.0519	>.15

（4）18 世纪人文社会科学人才成果分布的拟合检验

用对数正态分布对 18 世纪人文社会科学的成果分布进行拟合，在拟合优度的检验结果中如图 4－8 与表 4－8 所示，P 值 >0.15 >0.05，表明 18 世纪人文社会科学的成果分布服从对数正态分布。

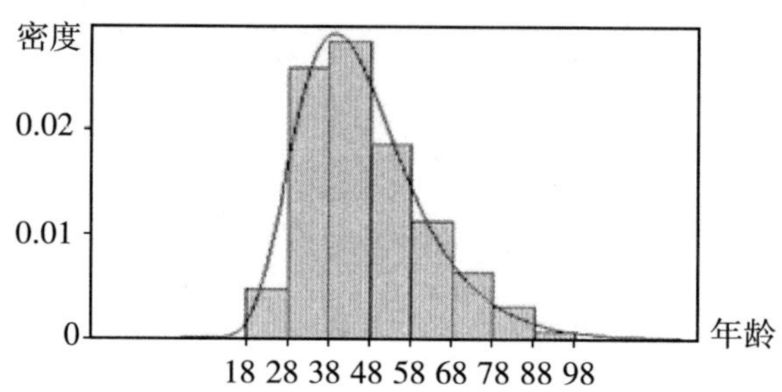

图 4－8　18 世纪人文社会科学成果拟合分布图

表 4－8　18 世纪人文社会科学成果分布拟合优度检验结果

分布检验						
曲线	分布	均值/Theta	Sigma	Zeta/C	Kolmogorov D	Pr > D
——	对数正态	0	0.3251	3.7904	0.0446	>.15

（5）19 世纪人文社会科学人才成果分布的拟合检验

图 4－9 与表 4－9 所示，用对数正态分布对 19 世纪人文社会科学的成果分布进行拟合，在拟合优度的检验结果中，P 值为 0.1031 >0.05，表明 19 世纪人文社会科学的成果分布服从对数正态分布。

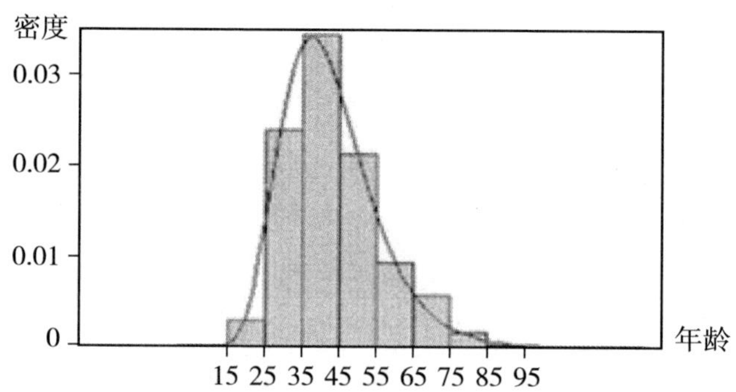

图 4－9　19 世纪人文社会科学成果拟合分布图

表 4－9 19 世纪人文社会科学成果分布拟合优度检验结果

分布检验						
曲线	分布	均值/Theta	Sigma	Zeta/C	Kolmogorov D	Pr > D
	对数正态	0	0.2934	3.7268	0.0383	0.1031

（6）20 世纪人文社会科学人才成果分布的拟合检验

图 4－10 与表 4－10 所示，用对数正态分布对 20 世纪前 90 年的人文社会科学成果分布进行拟合，在拟合优度的检验结果中，P 值为 0.1154 > 0.05，表明 20 世纪人文社会科学的成果分布服从对数正态分布。

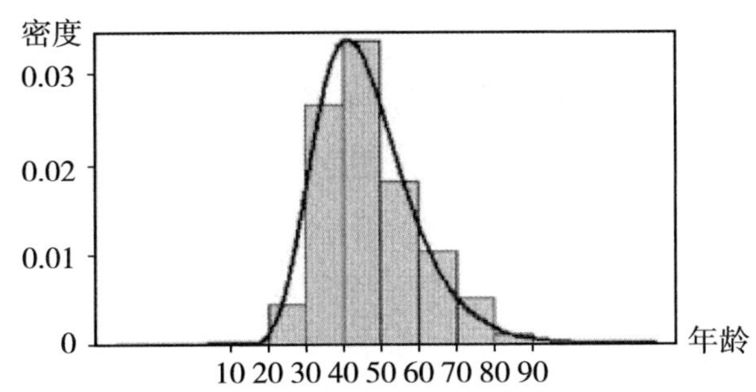

图 4－10 1901—1990 年人文社会科学成果拟合分布图

表 4－10 1901—1990 人文社会科学成果分布拟合优度检验结果

分布检验						
曲线	分布	均值/Theta	Sigma	Zeta/C	Kolmogorov D	Pr > D
	对数正态	0	0.2707	3.8105	0.0313	0.1154

综上所述，15—20 世纪 90 年代的重大人文社会科学成果均服从对数正态分布，只是参数有所差异。

4.3 人才成果年龄分布的峰值变化

共同的分布和不同的参数反映出人文社会科学成果与人才年龄间存在着必然联系和变化规律。在正态对数分布中，位置参数是等于随机变量对数的均值 θ，尺度参数等于对数的标准差 σ。

表 4－11 与图 4－11 显示出峰值年龄的变化规律，从 15 世纪的 44.1 岁，移至 20 世纪的 42 岁，在 18、19 世纪峰值年龄在 40 岁以下，虽然到

20 世纪有所上升，但是总体的线性趋势是递减的趋势。也就是说从 15 世纪到 20 世纪的峰值年龄总体上呈现前移的趋势。17 世纪到 18 世纪前移的非常迅速，18 世纪到 19 世纪前移的速度有所减缓。并且各峰值对应的年龄组的成果百分比由 15 世纪的 21%，提高到 20 世纪的 34%，说明成果产出最佳年龄组的人文社会科学家做出的贡献越来越突出。

表 4－11　人文社会科学人才成果年龄的对数正态分布与峰值变化表

年份	1400—1500	1501—1600	1601—1700	1701—1800	1801—1900	1901—1990
峰值年龄（岁）	44.1	42.1	45.2	39.9	38.1	42.0
峰值对应年龄组（岁）	41～50	41～50	41～50	31～40	31～40	41～50
峰值组成果比例	21%	28%	35%	30%	30%	34%

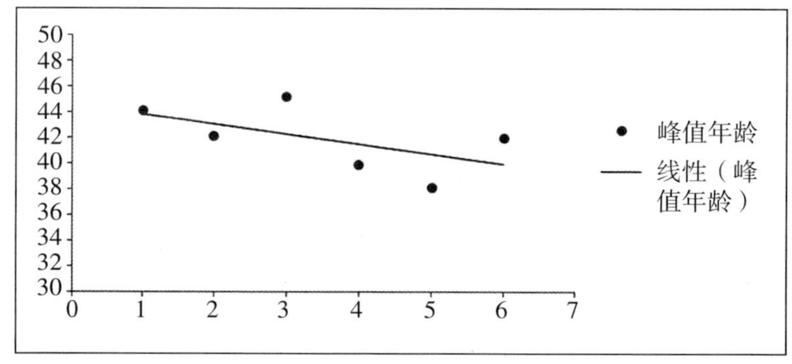

图 4－11　1400—1990 年人文社会科学成果峰值年龄趋势图

4.4　本章小结

人才产出成果的劳动是一个创造性的复杂劳动。一般来说，人的创造力往往与经验的多少和知识面的宽窄有关，而经验与知识的积累是一个时间过程，又和人的年龄有关。对人文社会科学人才年龄分布的研究，是解释人才成长阶段性特征的重要依据。

通过对样本整体的数学分析，拟合检验的结果表明，人文社会科学人才成果的年龄服从对数正态分布的规律，峰值年龄为41岁，也就是说人文社会科学成果产出的“黄金年龄”是41岁，在41岁左右人文社会科学人才做出成果的可能性（概率）最大，绝不是说在41岁一定能做出成果来，这和个人的努力程度有关系。

对样本的整体进行分析，容易忽略不同年代的特殊环境对人才成果年龄的影响，因此，本文进一步对15世纪至20世纪90年代的将近六个世纪的人才成果年龄分布分别进行统计分析，结果表明：各世纪的人文社会科学成果的年龄分布均服从于对数正态分布，并且从15世纪到20世纪的峰值年龄总体上呈现前移的趋势，也就是成果产出的年龄逐渐减小。

5　人文社会科学的学科人才成果年龄对数正态分布

人文科学以“人文现象”，即人所创造的涉及人自身存在及精神寄托的文化状态为研究内容、研究对象，是人关于自身的生存意义和价值的体验与思考的系统化、理论化。人文科学与自然科学相比较，人文科学关心的不是说明而是理解，是阐释学①，也就是说，文学作品不是科学，但以文学作品为研究对象的学问就是科学，因此，人文科学就是以人类价值和精神表现为独立对象的科学。社会科学是以人类社会的各种现象和活动方式为研究对象的科学，其研究目的或任务在于，正确的揭示社会现象的本质、特点、结构及发展规律，并对人生的意义、价值等作出合理的阐释②。

人文科学与社会科学在研究对象、研究方法、学科结构等方面存在差异与区别，但是无论是人文现象还是社会现象都是由人、人的活动以及活动产物构成的，两者从不同方面用各自的方法反应同一社会生活整体。无法将两者截然区分开来，对此，皮亚杰（1999）的观点很具有参考价值：“在人们通常的概念里很难从本质上将‘社会科学’与‘人文科学’区分开来，因为人的特性是导致所有社会现象产生的根源，例如，人的心理和生理过程。并且，人文科学同样具有浓厚的社会性。只有在构成人的要素中，一部分特定属于社会性，一部分特定属于构成人本身时，这种区分才变得具有现实意义。因此，所谓的社会科学和人文科学之间的界限越来越

---

①　贡布里希．“他们却原来都是人”：对人文社会科学中文化相对主义的反思．（载）艺术与人文科学：贡布里希文选［M］．范景中编选．中文1版．杭州：浙江摄影出版社，1989：390－391.

②　欧阳康，张明仓．社会科学研究方法［M］．北京：高等教育出版社，2001：22.

模糊，人们越来越倾向于不再进行区分了。”① 因此，人们在承认两者存在差异的前提下，将两者一体化，称作人文社会科学。

学科（Discipline）一词最初发源于拉丁语“学习”（Discere），以及其派生词“学习者”（Discipulus）。学科是一种知识体系，是知识在一定的历史时期里发展到一定程度时变得更加规范化、体系化的产物。学科分类就是研究知识体系结构的一门学问，根据各学科的内在特性、研究对象、相互之间的差异，对学科进行划分，并衡量其在整个科学体系中的位置，并由此分析整个科学体系的内部组成构造，随着研究的进一步深入，剖析出“学科分类体系”，即“学科体系”。② 人文社会科学学科体系指的是人文社会科学所涉及到的范围，以及所包含的各分支学科，包括法学、哲学、经济学等所共同构成的有机整体。③

“联合国教科文组织”（UNESCO）在 1976 年制定并在 1997 年修订的“国际教育标准分类” （Interactional Standard Classification of Education，ISCED），其中，人文与艺术是分开的两部分：艺术类包含了音乐、绘画、雕塑、戏剧、摄影、影视等；人文科学包含神学、宗教学、外国语言与文化、语言文学、比较文学、哲学、伦理学、历史学、考古学等。社会科学、商业和法律同属一个门类，社会科学的主体是经济、历史、政治、社会学、心理学、人口学等。

由“经济合作与发展组织”（OECD）制定的《弗拉斯卡蒂手册》是一个国际化的，对科学研究活动（R&D）进行有效测量的标准。其中的《科技人力资源手册》涉及到教育、产业等分类，是一个国际普遍认可、接受的标准。其将人文科学与社会科学做了区分，人文社会科学主要由三大类组成：历史（历史、史前学及史学，以及与历史学相关的考古学、古文字学、古钱币学等）；语言学和文学（古代语言和文学、现代语言和文学）；其他人文科学：主要包括哲学（包括科学技术史）、艺术、艺术史、

① 让·皮亚杰．人文科学认识论［M］．北京：中央编译出版社，1999：1.

② 袁曦临．人文社会科学学科分类体系研究［D］．南京：南京大学出版社，2011.

③ 叶继元．国内外人文社会科学学科体系比较研究［J］．学术界，2008（5）：37.

艺术评论、宗教、神学等。社会科学包括心理学、经济学、教育科学和其他社会科学四大类。

美国 CIP2000（Classification of Instructional Programs，CIP）是一个学科专业目录，用以反映和描述美国高校学科划分和专业设置基本情况，由美国教育部颁发而成。根据这份专业目录，社会科学主要包括政治学、社会学、历史学、心理学等；人文科学主要包括文学、语言学、哲学与宗教学等。

《美国国会图书馆分类法》（Library of Congress Classification，LCC）LCC 共分 20 大类：A 综合性著作；B 哲学、宗教；C 历史；D 历史：世界史；E－F 历史：美洲史；G 地理、人类学；H 社会科学；J 政治学；K 法律；L 教育；M 音乐；N 美术；P 语言、文学；Q 科学；R 医学；S 农业、畜牧业；T 技术；U 军事科学；V 海军科学；Z 书目及图书馆学。其中，社会科学大类既不包括法律也不包括政治。

根据《大不列颠百科全书》的记载分类，“社会学科”共由八个学科组成：经济学、政治学、社会学、社会和人类文化学、社会心理学、社会及经济地理学、教育学（指学习与社会的关系、学校与社会制度的关系的研究领域）。“人文学科”的研究领域包括：现代与古典语言、语言学、文学、历史学、哲学、考古学、法学、艺术史、艺术批评、艺术理论、艺术实践以及具有人文主义内容和运用人文主义方法的其他社会科学。

对于中国而言，目前最权威的人文社会科学分类标准是由教育部颁布的目录，并将人文社会科学分为七个学科门类：哲学；经济学；法学；教育学；文学；历史学；管理学。①

5.1 数学模型与统计方法

人文社会科学各学科人才年龄组数据如表 5－1 所示，每个年龄段上分

---

① 袁曦临，刘宇，叶继元．人文、社会科学学科分类体系框架初探［J］．大学图书馆学报，2010（1）：39.

布的数据称作随机变量的观察值。通过直方图进行描述性分析发现：这些观察值的大体分布呈现右偏态，尖锋厚尾的特征，不是正态分布。经反复比较，选择对数正态分布作假设的分布函数，进行拟合。

表 5－1　人文社会科学各学科人才年龄组数据

年龄组（岁） 学科	20 以下	21～30	31～40	41～50	51～60	61～70	71～80	80 以上
历史	—	30	51	84	59	36	20	4
宗教	—	5	26	19	12	11	4	—
哲学	2	28	74	83	48	21	7	1
艺术	1	4	13	12	5	9	2	—
文学	1	12	23	16	11	3	1	—
语言学	—	10	22	27	16	12	8	1
经济学	—	11	48	40	15	2	2	2
政治学	—	2	13	16	8	2	1	—
社会学	—	6	33	26	9	3	—	—
人类学	—	7	30	35	20	10	2	—
法学	—	5	12	18	10	8	4	4
考古学	—	5	14	20	15	10	6	—
心理学	1	7	24	28	11	4	2	—

对数正态分布在寿命实验中经常会遇到，一个广泛使用的寿命分布模型，有很多学者已证明特别用该模型来描述寿命分布是非常合适的①。

对数正态分布概率密度函数为：

$$f(x) = \begin{cases} \dfrac{1}{x\sigma\sqrt{2\pi}} e^{-\frac{(\ln x-\theta)^2}{2\sigma^2}}, x > 0 \\ 0, \text{其他} \end{cases}$$

θ 表示变量对数的均值，σ 为变量对数的标准差。

单样本 K－S 检验是一种非参数检验方法，它的名字来源于数学家柯

① 周凤麟．对数正态回归模型的统计诊断［D］．贵州财经学院，2009.

尔莫哥和斯米诺夫（Kolmogorov－Smirnov）。这种方法主要是用来检验拟合优度的，即用数学方法科学的解读样本数据，分析总体是否符合一个特定的理论。

其基本方法是：首先，在原假设成立的情况下，计算各样本观测值在理论分布中出现的累计概率值 $F(x)$；其次，计算各样本观测值的实际累计概率值 $S(x)$；求出实际累计概率值与理论累计概率值的差 $D(x)$；最后，计算差值序列中的最大绝对差值，即

$$D = \max(|S(x_i) - F(x_i)|)$$

通常，由于实际累计概率为离散值，因此 D 修正为：

$$D = \max(|S(x_{i-1}) - F(x_i)|)$$

D 统计量也称为 K－S 统计量。

D 反应了样本总体分布与理论分布的差异水平，D 越小，差异越不明显，反之亦然。如果 D 统计量的概率 P 值小于显著性水平 α，拒绝原假设，即样本来自的总体与指定的分布有显著差异；如果 D 统计量的概率 P 大于显著性水平 α，接受原假设，则认为样本来自的总体与指定的分布无显著性差异。在此显著性水平 α 取 0.05 利用 SAS 统计软件中的 INSIGHT 模块进行对数正态分布拟合检验。

5.2 经济学、心理学、哲学、文学与艺术人才成果年龄分布拟合检验

5.2.1 经济学人才成果年龄对数正态分布拟合检验

经济学是研究社会物质财富的生产、交换、分配与消费等经济关系和经济活动规律及其应用的科学总称。

图 5－1 是对经济学领域的人才成果年龄进行对数正态分布拟合，可以看出拟合曲线与直方图较为吻合，进一步的拟合检验结果如表 5－2 所示。

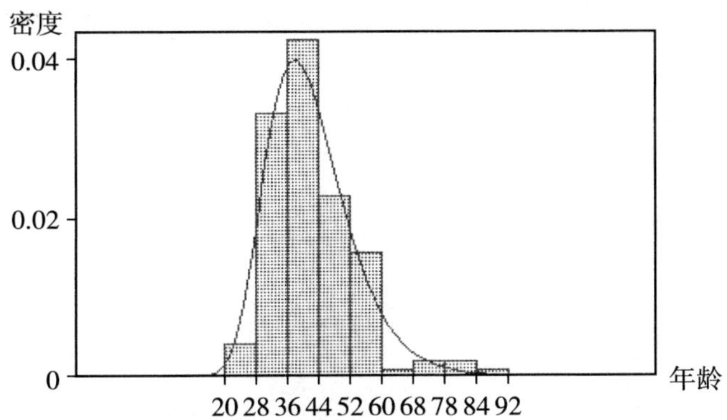

图 5-1 经济学人才成果年龄对数正态分布拟合图

表 5-2 经济学人才成果年龄对数正态分布拟合检验结果

分布检验					
分布	均值/Theta	Sigma	Zeta/C	Kolmogorov D	Pr > D
对数正态	0	0.2526	3.7114	0.0635	>.15

由表 5-2 可知，D 统计量的概率 P（>0.15）大于显著性水平 0.05，接受原假设，则认为样本来自的总体与对数正态分布无显著性差异。拟合效果较好，可用对数正态分布来近似经济学领域人才成果年龄的分布函数，其中，参数 θ 为 3.7114，σ 值为 0.2526。

需要指出的是，SAS 软件用极大似然估计法进行参数密度估计，统计结果中，众数为 38.4，即在经济学领域，人才成果创造的高峰年龄是 38.4 岁。换言之，经济学家在 38.4 岁做出成果的概率值最大。

5.2.2 心理学人才成果年龄对数正态分布拟合检验

心理学是关于心灵的理论，是把人（以及动物）的心灵作为对象，并用科学的方法阐明其本质的学问①。

图 5-2 是对心理学领域的人才成果年龄进行对数正态分布拟合，拟合

① 丁柏铨，胡治华. 人文社会科学基础［M］. 北京：首都师范大学出版社，2004：206.

曲线与直方图大致地描述总体的概率密度形貌。进一步的拟合检验结果如表 5－3 所示。

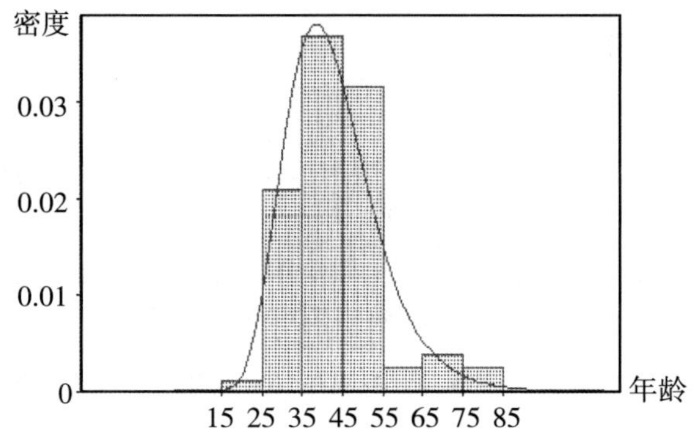

图 5－2　心理学人才成果年龄对数正态分布拟合图

表 5－3　心理学人才成果年龄对数正态分布拟合检验结果

分布检验					
分布	均值/Theta	Sigma	Zeta/C	Kolmogorov D	Pr > D
对数正态	0	0.2623	3.7282	0.0680	>.15

表 5－3 可以看出，P ＞0. 15＞0. 05，表明样本来自的总体与对数正态分布无显著性差异，拟合效果较好，可用对数正态分布来近似心理学领域人才成果年龄的分布函数。参数 θ 为 3. 7282，σ 值为 0. 2623。其中，参数密度估计的统计结果，众数为 38. 9，换言之，在心理学领域，人才成果创造的峰值年龄为 38. 9 岁。

5. 2. 3　哲学人才成果年龄对数正态分布拟合检验

西文中的“哲学”一词，是从古希腊文“Philein”与“Sophia”，合成演化而来的，其原初含义为“爱智慧”。哲学是系统化、理论化的世界观，是关于自然、社会和人类思维知识的概括和总结①。

图 5－3 是对哲学领域的人才成果年龄进行对数正态分布拟合，直方图

① 丁柏铨，胡治华．人文社会科学基础［M］．北京：首都师范大学出版社，2004：148－150.

的外廓曲线近似于对数正态分布的概率密度曲线。进一步的拟合检验结果如表 5 -4 所示。

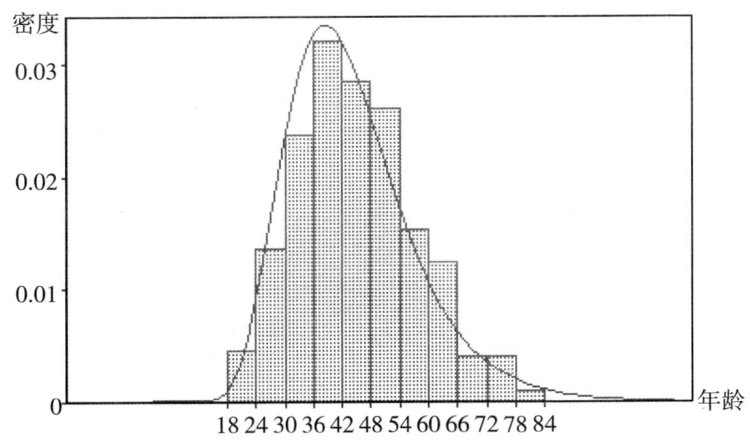

图 5 -3 哲学人才成果年龄对数正态分布拟合图

表 5 -4 哲学领域人才成果年龄对数正态分布拟合检验结果

分布检验					
分布	均值/Theta	Sigma	Zeta/C	Kolmogorov D	Pr > D
对数正态	0	0.2906	3.7518	0.0468	0.1392

由表 5 -4 可知，P 值为 0. 1392 >0. 05，表明样本来自的总体与对数正态分布无显著性差异，即可用对数正态分布来近似哲学领域人才成果年龄的分布函数。参数 θ 为 3. 7518，σ 值为 0. 2906。其中，根据参数密度估计的统计结果，众数为 39. 1，换言之，在哲学领域，人才成果创造的峰值年龄为 39. 1 岁。

5. 2. 4 文学人才成果年龄对数正态分布拟合检验

在此，从狭义的“科学”概念出发，即从追求事物的本质与规律性的要求来看，人文社会科学的分支学科文学是以文学作品为研究对象的学问，也就是文学鉴赏，文学评论等。对文学领域的人才成果年龄进行对数正态分布拟合，图 5 -4。

图 5 -4 描述拟合曲线与直方图大致地描述总体的概率密度形貌，文学

领域人才成果年龄是否服从对数正态分布，还需进一步地拟合检验，结果如表5－5所示。

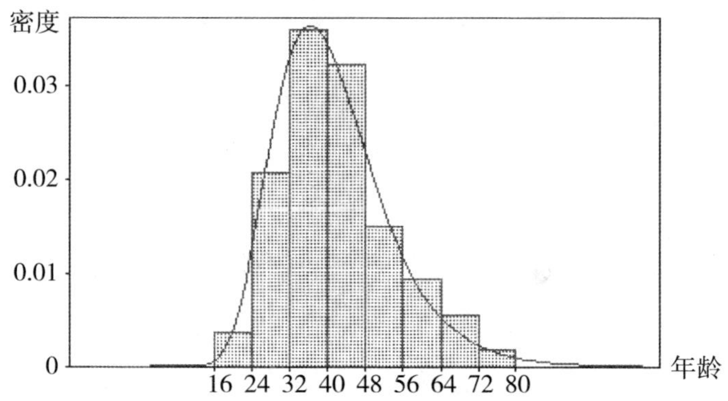

图5－4　文学领域人才成果年龄对数正态分布拟合图

表5－5　文学领域人才成果年龄对数正态分布拟合检验结果

分布检验					
分布	均值/Theta	Sigma	Zeta/C	Kolmogorov D	Pr > D
对数正态	0	0.2876	3.6882	0.0710	>.15

从分布检验结果可以看出，P >0.15 >0.05，即接受原假设，即可用对数正态分布来近似文学领域人才成果年龄的分布函数。参数 θ 为 3.6882，σ 值为0.2876。根据参数密度估计的统计结果，众数为36.8，也就是说，在文学领域，人才成果创造的峰值年龄为36.8岁，在该年龄点，人才做出成果的概率最大。

5.2.5　艺术领域人才成果年龄对数正态分布拟合检验

广义的艺术就是人的本质力量的对象化，是人类情感的审美物化形态，是艺术家按照美的规律，创造出鲜明生动的艺术形象以表现审美情感和审美理想的艺术创造物①。在此，依然从狭义的“科学”概念理解，人文社会科学的分支学科艺术是以文学作品为研究对象的学问，也就是艺术

① 吴鹏森，房列曙．人文社会科学基础［M］．上海：上海人民出版社，2007：174－177.

鉴赏，艺术评论等。

图5－5是对艺术领域的人才成果年龄进行对数正态分布拟合，艺术领域人才成果年龄是否服从对数正态分布，分布检验结果如表5－6所示。

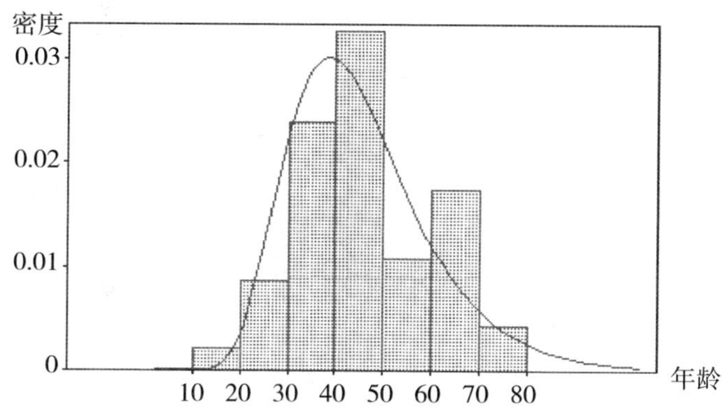

图5－5 艺术领域人才成果年龄对数正态分布拟合图

表5－6 艺术领域人才成果年龄对数正态分布拟合检验结果

分布检验					
分布	均值/Theta	Sigma	Zeta/C	Kolmogorov D	Pr > D
对数正态	0	0.3234	3.7704	0.1201	0.0939

从表5－6分布检验结果可以看出，P值为0.0939 >0.05，即接受原假设，即艺术领域人才成果年龄的分布函数服从对数正态分布，其中参数 θ 为3.7704，σ 值为0.3234。根据参数密度估计的统计结果，众数为39.2。换言之，在艺术领域，人才成果创造的峰值年龄为39.2岁，在该年龄点，人才做出成果概率最大。

5.3 社会学、政治学、语言学、宗教学人才成果年龄分布拟合检验

5.3.1 社会学人才成果年龄对数正态分布拟合检验

社会学以整体社会的结构与运行过程为研究对象，研究构成社会的各

种要素、各个部分的相互关系及其运动变化过程①。1839年，法国哲学家孔德出版了《实证哲学教程》第四卷，“社会学”的概念被正式提出，标志着该学科的创立。对社会学领域的人才成果年龄进行对数正态分布拟合曲线，见图5－6。

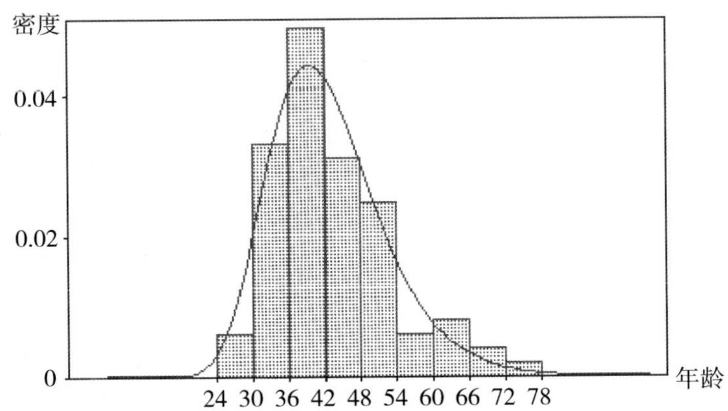

图5－6 社会学人才成果年龄对数正态分布拟合图

通过图5－6，可以直观描述对数正态分布的拟合情况，表5－7显示社会学领域人才成果年龄对数正态分布的分布检验结果。

表5－7 社会学人才成果年龄对数正态分布拟合检验结果

分布检验

分布	均值/Theta	Sigma	Zeta/C	Kolmogorov D	Pr > D
对数正态	0	0.2203	3.7350	0.0770	>.15

由表5－7可知，D统计量的概率 $P>0.15>0.05$，接受原假设。也就是说，社会学领域人才成果年龄的分布函数服从对数正态分布，其中参数 θ 为3.7350，σ 值为0.2203。根据参数密度估计的统计结果，众数为39.9。换言之，在社会学领域，人才成果创造的峰值年龄为39.9岁。

5.3.2 政治学人才成果年龄对数正态分布拟合检验

政治学是政治科学的简称，是研究社会政治现象及其发展规律的一门

---

① 吴鹏森，房列曙．人文社会科学基础［M］．上海：上海人民出版社，2007，253.

科学。由于人们对政治现象的理解、观察角度与分析重点都存在差异性，对政治学研究对象的看法也明显不同。对政治学领域的人才成果年龄进行对数正态分布拟合曲线，见图 5－7。

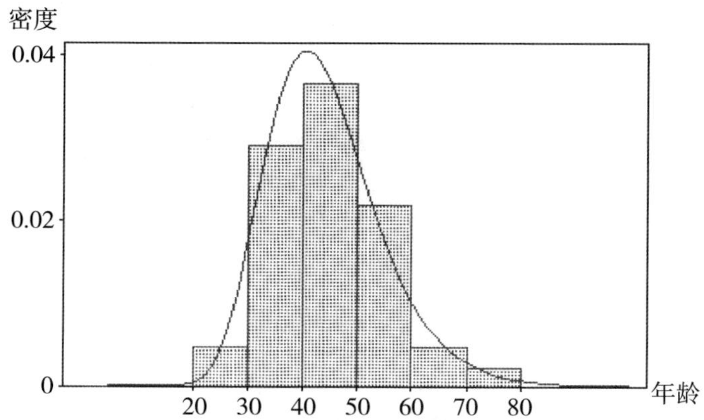

图 5－7 政治学人才成果年龄对数正态分布拟合图

政治学领域人才成果年龄对数正态分布的分布检验结果，见表 5－8。

表 5－8 政治学人才成果年龄对数正态分布拟合检验结果

分布检验					
分布	均值/Theta	Sigma	Zeta/C	Kolmogorov D	Pr > D
对数正态	0	0.2366	3.7658	0.0539	>.15

如表 5－8 所示，D 统计量的概率 P > 0. 15 > 0. 05，即政治学领域人才成果年龄的分布函数服从对数正态分布，其中参数 θ 为 3. 7658，σ 值为 0. 2366。其中，参数密度估计的统计结果，众数为 40. 9。换言之，政治学领域，人才成果创造峰值年龄为 40. 9 岁。

5. 3. 3 语言学人才成果年龄对数正态分布拟合检验

语言学是研究人类语言的内部结构、功能和发展，揭示语言本质及其存在和发展规律的一门学科，其发展经历了传统语言学、历史比较语言学和现代语言学三个阶段①。

① 丁柏铨，胡治华. 人文社会科学基础［M］. 北京：首都师范大学出版社，2004：193－194.

图5－8是对语言学领域的人才成果年龄进行对数正态分布拟合曲线，从图中可以看出拟合效果较好。但是能否通过分布检验，结果见表5－9。

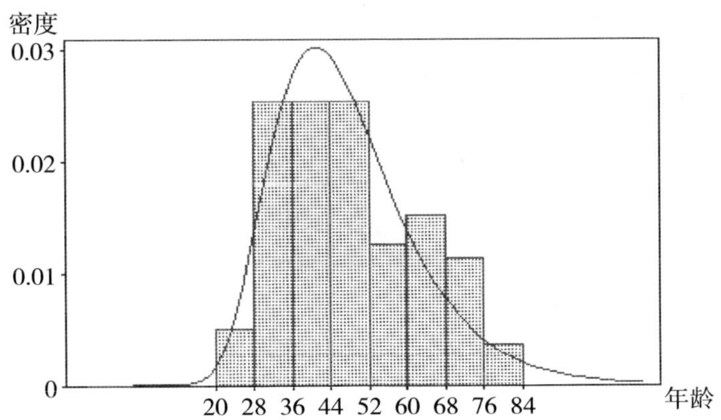

图5－8　语言学人才成果年龄对数正态分布拟合图

表5－9　语言学人才成果年龄对数正态分布拟合检验结果

分布检验					
分布	均值/Theta	Sigma	Zeta/C	Kolmogorov D	Pr > D
对数正态	0	0.3053	3.8144	0.0654	>.15

如表5－9所示，D统计量的概率 $P>0.15>0.05$，因此接受原假设。即可用对数正态分布来近似语言学领域人才成果年龄的分布函数。参数 θ 为3.8144，σ 值为0.3053。其中，利用极大似然估计法进行参数密度估计，统计结果中众数为41.4。换言之，在语言学领域，人才成果创造的峰值年龄为41.4岁，在该年龄点，人才做出成果的概率最大。

5.3.4　宗教学人才成果年龄对数正态分布拟合检验

宗教学是揭示宗教产生和发展规律的人文学科，以作为社会文化现象的人类宗教活动为研究对象。宗教学的前身是中世纪盛行于欧洲的基督教神学，其特点是试图以哲学理论论证宗教，用古希腊、罗马的哲学为基督教信仰铺设理论基础。14世纪起的“文艺复兴”运动促成了哲学与神学的分离。到19世纪后期，宗教学才成为一门独立的学科。图5－9显示了宗教学领域人才成果年龄的概率分布直方图，以及对其进行对数正态分布拟合的曲线。

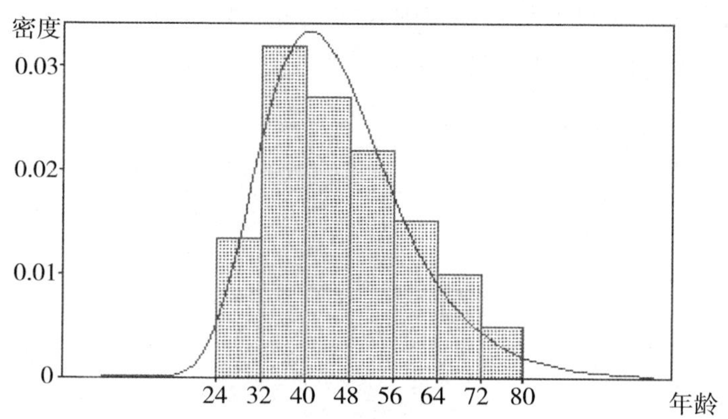

图 5-9　宗教学人才成果年龄对数正态分布拟合图

通过对宗教学领域人才成果年龄分布进行描述性分析之后，进一步对宗教学领域人才成果年龄对数正态分布进行分布检验，结果如表 5-10 所示。

表 5-10　宗教学人才成果年龄对数正态分布拟合检验结果

分布检验					
分布	均值/Theta	Sigma	Zeta/C	Kolmogorov D	Pr > D
对数正态	0	0.2794	3.7983	0.0645	>.15

由表 5-10 可知，D 统计量的概率 P >0.15 >0.05，因此接受原假设。即可用对数正态分布来近似宗教学领域人才成果年龄的分布函数。参数 θ 为 3.7983，σ 值为 0.2794。其中，参数密度估计统计结果中，众数为 41.3。换言之，在宗教学领域，人才成果创造的峰值年龄为 41.3 岁。

5.4　人类学、历史学、考古学、法学人才成果年龄分布拟合检验

5.4.1　人类学人才成果年龄对数正态分布拟合检验

人类学就是研究人类的本质的学科，是从生物和文化的角度对人类进行全面研究的学科，最早见于古希腊哲学家亚里士多德对具有高尚道德品

质及行为的人的描述中。现代意义的人类学，创立于19世纪中期。

图5－10是对人类学领域的人才成果年龄进行对数正态分布拟合的曲线，从图中可以看出拟合效果较好。进一步进行分布检验，结果见表5－11。

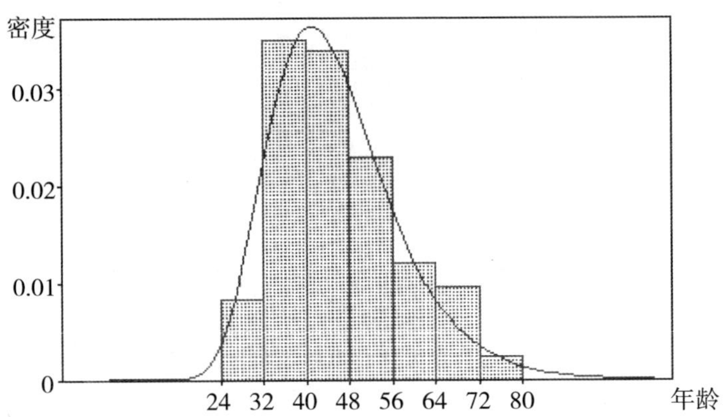

图5－10 人类学人才成果年龄对数正态分布拟合图

表5－11 人类学人才成果年龄对数正态分布拟合检验结果

分布检验					
分布	均值/Theta	Sigma	Zeta/C	Kolmogorov D	Pr > D
对数正态	0	0.2554	3.7920	0.0646	>.15

如表5－11所示，P>0.15>0.05，因此接受原假设，即人类学领域人才成果年龄的分布函数服从对数正态分布，其中参数 θ 为3.7920，σ 值为0.2554。利用极大似然估计法进行参数密度估计之后，得到模型的众数为41.6。换言之，在人类学领域，人才成果创造的峰值年龄为41.6岁。

5.4.2 历史学人才成果年龄对数正态分布拟合检验

历史学以人类以往的全部活动及其历程为研究对象，是由史学家带着某种目的，在一定的思想指导下，运用一定的方法和手段，通过对史料的鉴别、分析、评论，对人类的历史作出生动的、符合逻辑的阐释，并主要以文字形式把它展现出来的一门学科①。

① 吴鹏森，房列曙．人文社会科学基础［M］．上海：上海人民出版社，2007，86－91.

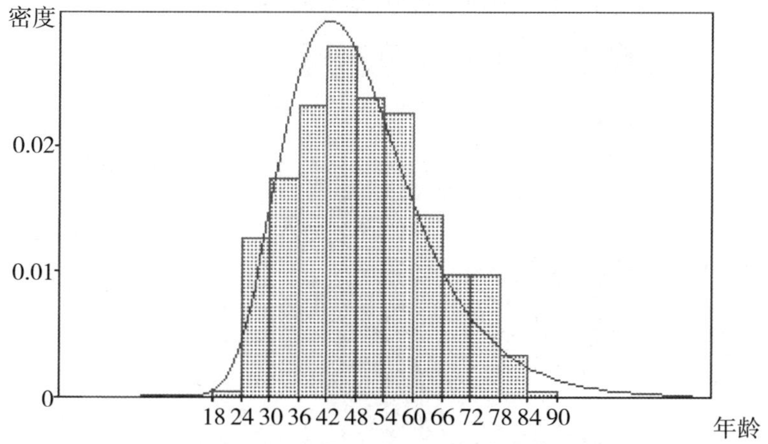

图 5－11 历史学人才成果年龄对数正态分布拟合图

对历史学领域人才成果年龄对数正态分布进行分布检验，结果见表 5－12。由表 5－12 可以看出，D 统计量的概率 P 值为 0.0609 > 0.05，应该接受原假设，即历史学领域人才成果年龄的分布函数服从对数正态分布，其中参数 θ 为 3.8544，σ 值为 0.2949。

表 5－12 历史学人才成果年龄对数正态分布拟合检验结果

分布检验					
分布	均值/Theta	Sigma	Zeta/C	Kolmogorov D	Pr > D
对数正态	0	0.2949	3.8544	0.0517	0.0609

其中，在利用极大似然估计法进行参数密度估计过程中，得到模型的众数为 43.3，也就是说，在历史学领域，人才成果创造的峰值年龄为 43.3 岁。

5.4.3 考古学人才成果年龄对数正态分布拟合检验

考古学是通过发掘和调查古代人类的遗迹遗物和文献来研究古代社会的一门人文科学。考古学的产生有长远的渊源，但到近代才发展成为一门科学。

图 5－12 是对考古学人才成果年龄进行对数正态分布拟合所得曲线，进一步进行分布检验，结果如表 5－13 所示，D 统计量的概率 P > 0.15 >

0.05，应该接受原假设，即考古学人才成果年龄的分布函数服从对数正态分布，其中参数 θ 为3.8640，σ 值为0.2737。

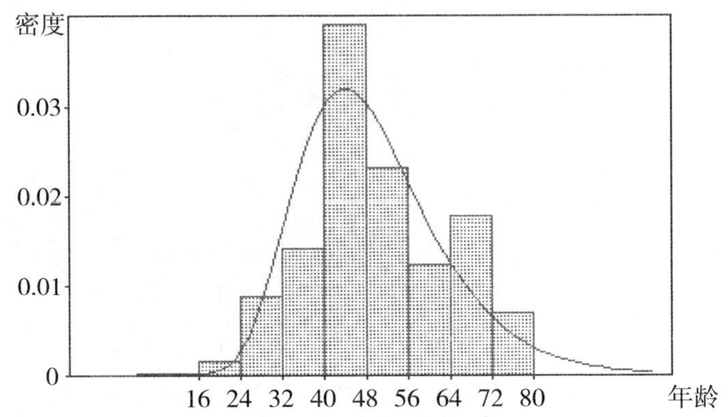

图5－12　考古学人才成果年龄对数正态分布拟合图

表5－13　考古学人才成果年龄对数正态分布拟合检验结果

分布检验					
分布	均值/Theta	Sigma	Zeta/C	Kolmogorov D	Pr > D
对数正态	0	0.2737	3.8640	0.0612	>.15

其中，在利用极大似然估计法进行参数密度估计过程中，得到模型的众数为44.3，也就是说，在考古学领域，人才成果创造的峰值年龄为44.3岁。

5.4.4　法学人才成果年龄对数正态分布拟合检验

法学是对法的现象及其规律进行研究的一门独立的科学。它以法作为自己的研究对象，主要研究法的本质、形式、特点、效力、作用，研究法的产生、发展和变革的规律，研究法的制定以及如何运用法来解决实际生活中的各种问题①。

图5－13是对法学人才成果年龄进行对数正态分布拟合所得曲线，可以看出拟合的效果较好。进一步进行分布检验，结果如表5－14所示，D

① 吴鹏森，房列曙．人文社会科学基础［M］．上海：上海人民出版社，2007，339－345.

统计量的概率 P >0. 15 >0. 05，应该接受原假设，即法学人才成果年龄的分布函数服从对数正态分布，其中参数 θ 为 3. 8802，σ 值为 0. 2998。

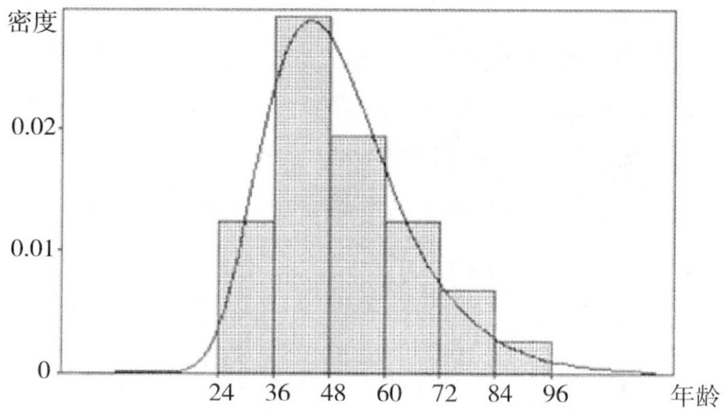

图 5－13　法学人才成果年龄对数正态分布拟合图

表 5－14　法学人才成果年龄对数正态分布拟合检验结果

分布检验					
分布	均值/Theta	Sigma	Zeta/C	Kolmogorov D	Pr > D
对数正态	0	0.2998	3.8802	0.0683	>.15

其中，在利用极大似然估计法进行参数密度估计过程中，得到模型的众数为 44. 3，也就是说，在法学领域，人才成果创造的峰值年龄为 44. 3 岁。

综上所述，人文社会科学 13 个主要学科的人才成果年龄分布都符合对数正态分布规律，峰值年龄存在差异，各学科峰值年龄统计如表 5－15 所示。

表 5－15　人文社会科学各学科峰值年龄统计表

学科	文学	经济学	心理学	哲学	艺术	社会学	政治学
峰值年龄（岁）	36. 8	38. 4	38. 9	39. 1	39. 2	39. 9	40. 9
学科	宗教学	语言学	人类学	历史学	考古学	法学	—
峰值年龄（岁）	41. 3	41. 4	41. 6	43. 3	44. 3	44. 3	—

5.5 本章小结

人文社会科学作为专业领域，其创作主体的成长与发展具有规律性。表5－1描述了人文社会科学13个学科人才年龄组数据，选择对数正态分布作假设的分布函数，进行拟合。经分析得出结论：各组数据的D统计量的概率P都大于显著性水平0.05，即都能通过统计检验。因此，“人文社会科学学科人才成果年龄服从对数正态分布”的猜想与假设，得到了验证。

按照生理学的观点，当超过一定年龄以后，人的记忆力是不断衰退的，而人的理解力又随着年龄的增长而增强。一个人创造力最好的年代是记忆力最好、理解力最强的年龄阶段，这个阶段的人才既有一定的社会实践，又处于人生精力充沛，思维敏捷，极富创造力的辉煌时期。

通过极大似然估计法，对人文社会科学13个学科分别进行参数密度估计，得到了各模型的众数值，即各学科人才成果创造的峰值年龄。按照峰值年龄从小到大的顺序，其中，文学人才成果的峰值年龄为36.8岁，经济学人才38.4岁，心理学人才38.9岁，哲学与艺术人才均为39.1岁，社会学人才39.9岁，政治学人才40.9岁，宗教学人才41.3岁，语言学人才41.4岁，人类学人才41.6岁，历史学、考古学与法学人才的峰值年龄较大，均为44.3岁。

但是，“最佳年龄”也是相对而言的，从总体上，仅说明人文社会科学家群体落在这个年龄区间时，做出成果的可能性（概率）较大，但绝对不代表处于该区间的所有人，都一定能做出成果来。

6　15世纪以来人文社会科学成果超常涌现的周期性

人文社会科学在社会生活中具有指导地位和导向作用，人文社会科学的进步发展对社会文明的变革与进步发挥着特殊积极作用①。在经济、科技与社会飞速发展的时代，人文社会科学发展呈现何种轨迹？对该基本问题的合理解释，不仅有助于自觉推进人文社会科学自身发展，也有利于推动人类社会文明进步。

现代科学是以个人或群体创新成果为结晶的社会性活动，人文社会科学与自然科学研究一样②。成果是人文社会科学发展的客观载体。人文社会科学易受其他因素的干扰，因此，不同时期的人文社会科学成果数量呈现较为明显的波动性。成果数量的波动能很好地反映人文社会科学在当时的发展状况，例如，克罗伯发现并提出疑问：为什么在“黄金时期”人才总是簇团而出，而在“黑暗时期”总是零散地出现个别人才。Weber（2005）认为：“我们可以把这些在文化上硕果累累的时代与一种文化的年青生命力联系起来。它们就是一种文明正在进入它鲁莽、热情洋溢的青春期。”③ 了解人文社会科学成果数量的变化趋势，可揭示人文社会科学人成长特征，进而更深刻地认识人文社会科学的发展规律。因此，本文采用时

① 欧阳康．人文社会科学哲学［M］．武汉：武汉大学出版社，2001：199，202.

② 丁柏铨，胡治华．人文社会科学基础［M］．北京：首都师范大学出版社，2004：14.

③ 阿尔弗雷德·韦伯．文化社会学视域中的文化史［M］．姚燕（译），上海：上海人民出版社，2005.

间序列方法，选取能代表人文社会科学发展的特征值，根据事物从过去到现在的演变过程，从中找出特征值定量演变规律。

6.1 ARIMA 模型简介

时间序列分析（Time Series Analysis）是一种动态数据处理的统计方法，以随机过程理论和数理统计学方法为基础，侧重于研究数据序列之间的互相依赖关系，该方法最早起源于 1927 年。① ARIMA 模型全称为差分自回归移动平均模型（Autoregressive Integrated Moving Average Model），是由博克思（Box）和詹金斯（Jenkins）于 20 世纪 70 年代初提出的一种著名时间序列预测方法，所以又称为 Box - Jenkins 模型。通常把自回归模型（简称 AR）、移动平均模型（简称 MA）或自回归移动平均模型（简称 ARMA）归入 Box - Jenkins 方法，称作 ARIMA 模型体系。在我国，时间序列分析从 20 世纪 70 年代末到 80 年代中期得以深入研究和应用于实践，70 年代，ARIMA 成为时间序列分析的中心课题。其原理是：某些时间序列是依赖于时间 t 的一组随机变量，构成该序列的单个序列值，虽然具有不确定性，但整个序列的变化却具有一定的规律性，可以用相应数学模型近似描述。② ARIMA 模型建模步骤如图 6 - 1。

时间序列预测一般反映三种实际变化规律：趋势变化、周期性变化、随机性变化。③ 在时间序列分析文献中，通常用“季节效应”代替“周期性”的概念。根据季节效应提取的难易程度，ARIMA 模型可以分为简单季节模型和乘积季节模型。而当时间序列中有明显的长期趋势和季节性变化时，简单的季节模型不能充分地提取季节效应、长期趋势效应和随机波动

① 赵喜仓，周作杰．基于 SARIMA 模型的我国季度 GDP 时间序列分析与预测［J］．统计与决策，2010（22）：18.

② 肖曼君，夏荣尧．中国的通货膨胀预测：基于 ARIMA 模型的实证分析［J］．上海金融，2008（8）：39.

③ 王燕．应用时间序列分析［M］．北京：中国人民大学出版社，2008：103 - 110.

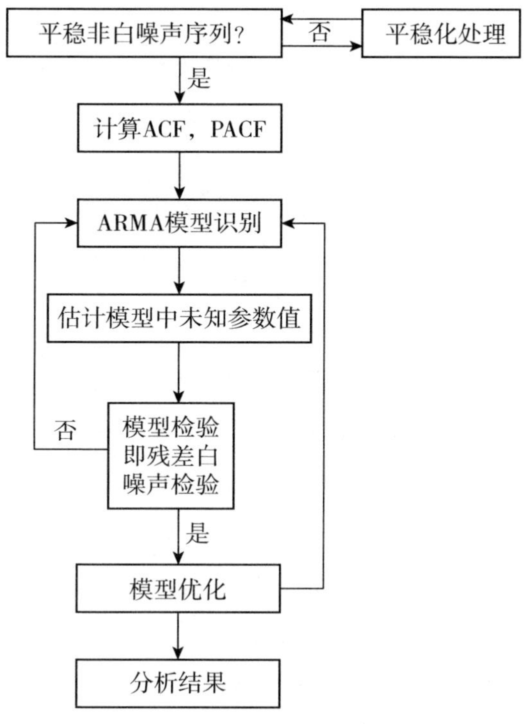

图6－1　ARMA 模型建模步骤

之间的相关关系。只有将 ARIMA 模型和随机季节模型（Stochastic Seasonal Model）组合成季节时间序列模型（又称乘积时间序列模型），才能较好地描述该时间序列。

短期相关性用低阶 ARMA（p，q）模型提取，季节相关性用以周期步长 S 为单位的 ARMA（P，Q）模型提取，p，q 分别为自回归和移动平均的阶数，P，Q 分别为季节自回归和季节移动平均的阶数。短期相关性和季节效应之间具有乘积关系，模型结构如下①②。

$$\nabla^d \nabla_S^D Y_t = \frac{\Theta(B)}{\phi(B)} \frac{\Theta_S(B)}{\phi_S(B)} \xi_t$$

① 王振龙，胡永宏．应用时间序列分析［M］．北京：科学出版社，2005：96－97.

② 何书元．应用时间序列分析［M］．北京：北京大学出版社，2005：174－177.

其中：

$$\phi(B) = 1 - \phi_1(B) - \cdots - \phi_P(B)^P, \Theta(B) = 1 - \theta_1(B) - \cdots - \theta_q(B)^q,$$

$$\phi_S(B) = 1 - \phi_1(B)^S - \cdots - \phi_P(B)^{PS}, \Theta_S(B) = 1 - \theta_1(B)^S - \cdots - \theta_q(B)^{QS}$$

该乘积模型简记为 ARIMA（p，d，q）×（P，D，Q）$_S$，式中 d，D 分别为逐期差分和季节差分的阶数。

由于在总样本中，1400—1600 年各年份中的零值较多，误差较大，因此将每五年的样本数据加总作为一个时间计点，且 1964 年之后的样本数据明显存在误差，则选取时间跨度为 1400—1964 年的数据（见表 6 - 1）。数据序列记作 $\{Y_t\}$，用时间序列分析法对数据分析的过程，使用 ARIMA（p，d，q）（P，D，Q）$_S$ 的建模方法，利用统计软件 Clementine 拟合人文社会科学成果变化的时间序列模型，分析人文社会科学发展的周期性。

需要指出的是，人文社会科学成果是由人才创造出来的，人也因为其成果而被世人所知晓和流传，人与成果是“一体两面”的关系。虽然《简明不列颠百科全书》等资料并不是直接以成果，而是以人物简介为词条，但是能够进入词条的人物也都是因为成果而成名。因此本文选择的样本依然是以“成果”为判断标准，人才与成果画上了等号。在样本选择的过程中，将作品质量作为定义成果的标准，人文社会科学人才的“成果”就是其成就最高的一部“代表作”。进而，人才与其代表作之间又画上等号，即人才/代表作。在样本选择过程中，每收录一个人才，即收录了人文社会科学的一个卓越成果。

6.2 ARIMA 模型的拟合过程与结果

6.2.1 模型识别

图 6 - 2 是人文社会科学成果产量的时间序列数据曲线，从图 6 - 2 中可以看出：人文社会科学成果产量时间序列是不平稳的序列，既具有长期递增趋势又有以年为周期的季节效应。

表6-1 1400—1964年人文社会科学成果数据观察值

时间区间	成果数	时间区间	成果数	时间区间	成果数	时间区间	成果数	时间区间	成果数	时间区间	成果数
1400—1404	2	1500—1504	2	1600—1604	4	1700—1704	4	1800—1804	11	1900—1904	44
1405—1409	0	1505—1509	0	1605—1609	3	1705—1709	3	1805—1809	10	1905—1909	55
1410—1414	1	1510—1514	2	1610—1614	0	1710—1714	9	1810—1814	3	1910—1914	58
1415—1419	0	1515—1519	3	1615—1619	5	1715—1719	1	1815—1819	13	1915—1919	28
1420—1424	1	1520—1524	1	1620—1624	4	1720—1724	3	1820—1824	7	1920—1924	65
1425—1429	0	1525—1529	3	1625—1629	1	1725—1729	7	1825—1829	20	1925—1929	50
1430—1434	0	1530—1534	2	1630—1634	5	1730—1734	7	1830—1834	12	1930—1934	67
1435—1439	0	1535—1539	1	1635—1639	3	1735—1739	0	1835—1839	23	1935—1939	53
1440—1444	1	1540—1544	2	1640—1644	2	1740—1744	2	1840—1844	23	1940—1944	33
1445—1449	0	1545—1549	1	1645—1649	5	1745—1749	4	1845—1849	14	1945—1949	34
1450—1454	0	1550—1554	0	1650—1654	5	1750—1754	7	1850—1854	18	1950—1954	40
1455—1459	0	1555—1559	3	1655—1659	3	1755—1759	7	1855—1859	21	1955—1959	34
1460—1464	1	1560—1564	2	1660—1664	5	1760—1764	6	1860—1864	25	1960—1964	40
1465—1469	1	1565—1569	2	1665—1669	3	1765—1769	11	1865—1869	19	—	—
1470—1474	3	1570—1574	2	1670—1674	5	1770—1774	7	1870—1874	27	—	—
1475—1479	1	1575—1579	5	1675—1679	5	1775—1779	7	1875—1879	36	—	—
1480—1484	3	1580—1584	5	1680—1684	1	1780—1784	8	1880—1884	36	—	—
1485—1489	2	1585—1589	0	1685—1689	4	1785—1789	5	1885—1889	32	—	—
1490—1494	0	1590—1594	5	1690—1694	7	1790—1794	9	1890—1894	41	—	—
1495—1499	1	1595—1599	7	1695—1699	3	1795—1799	11	1895—1899	32	—	—

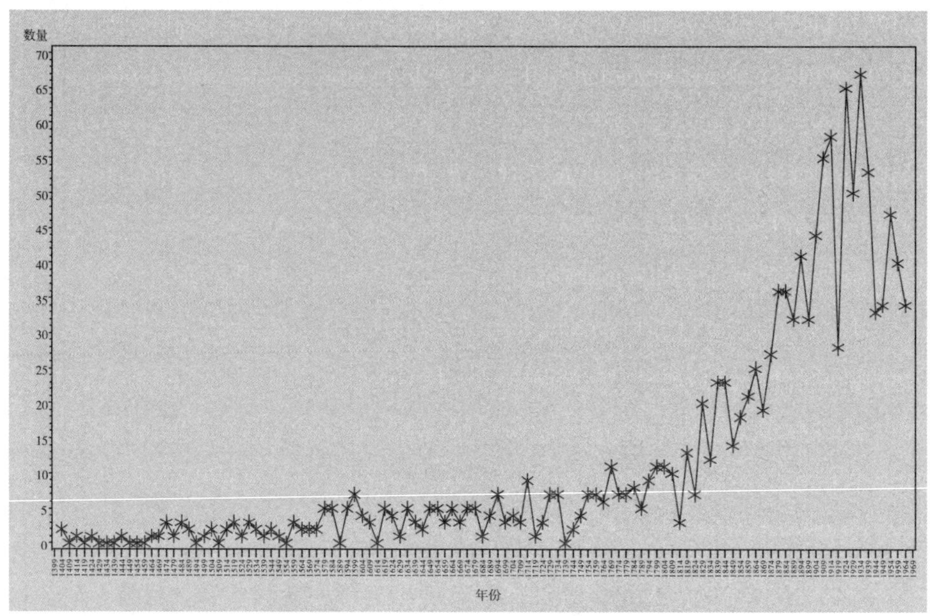

图 6－2　人文社会科学成果时序图

对于上述不平稳序列，有明显的递增趋势，需要对原序列进行差分运算，以消除序列的趋势效应，从而得到平稳的人文社会科学成果产出时间序列。对于 ARIMA 模型来说，只有平稳序列才有意义。因此，首先对原时间序列进行一阶差分，$\nabla Y_t = Y_t - Y_{t-1}$，观察一阶差分后序列的 ∇Y 时序图。如图 6－3 所示：原时序图显示长期趋势信息基本上被差分运算提取，差分后序列类似平稳。

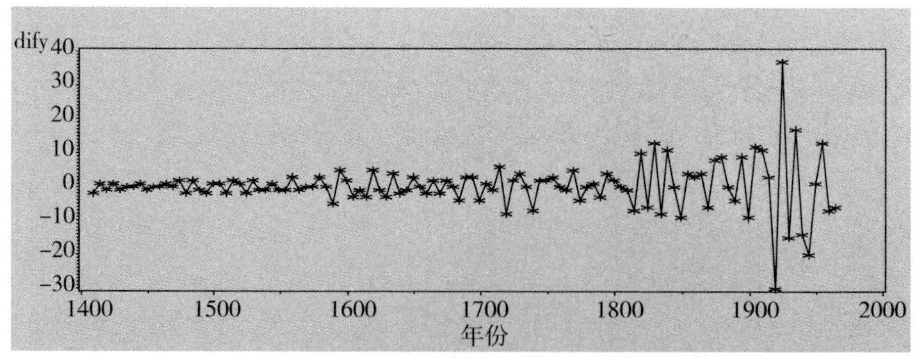

图 6－3　人文社会科学成果一阶差分后序列时序图

为了进一步确定序列的平稳性，需要考察差分后序列的自相关与偏自相关图。一阶差分后序列的自相关图与偏自相关如图 6－4、图 6－5 所示。

```
                              Autocorrelations

Lag   Covariance    Correlation   -1 9 8 7 6 5 4 3 2 1 0 1 2 3 4 5 6 7 8 9 1     Std Error

  0    48.704082       1.00000   |                    |********************|            0
  1   -24.254555       -.49800   |          **********|  .                 |     0.094491
  2     4.229410       0.08684   |                 .  |**  .               |     0.115573
  3    -6.517493       -.13382   |                 . ***|  .               |     0.116154
  4     7.817238       0.16050   |                 .  |***.                |     0.117523
  5    -2.067420       -.04245   |                 .   *|  .               |     0.119464
  6     8.074708       0.16579   |                 .  |***.                |     0.119599
  7    -9.463010       -.19430   |                 .****|  .               |     0.121633
  8    -0.106596       -.00219   |                 .    |  .               |     0.124374
  9     2.850583       0.05853   |                 .    |* .               |     0.124374
 10     2.889395       0.05933   |                 .    |* .               |     0.124620
 11    -3.246538       -.06666   |                 .   *|  .               |     0.124872
 12     0.595845       0.01223   |                 .    |  .               |     0.125189
 13    -3.552843       -.07295   |                 .   *|  .               |     0.125199
 14     1.946429       0.03996   |                 .    |* .               |     0.125578
 15     1.954628       0.04013   |                 .    |* .               |     0.125692
 16    -2.729774       -.05605   |                 .   *|  .               |     0.125806
 17     2.481232       0.05095   |                 .    |* .               |     0.126029
 18    -7.260569       -.14908   |                 . ***|  .               |     0.126213
 19    12.475948       0.25616   |                 .    |*****             |     0.127775
 20   -12.225036       -.25101   |               *****|  .               |     0.132281
 21     6.431122       0.13204   |                 .    |***.              |     0.136467
 22    -3.101494       -.06368   |                .    *|   .              |     0.137603
 23     4.017675       0.08249   |                .     |**  .             |     0.137866
 24    -5.778972       -.11865   |                .   **|   .              |     0.138306

                          "." marks two standard errors
```

图 6－4　人文社会科学成果序列一阶差分后自相关图（ACF 图）

```
                         Partial Autocorrelations

Lag     Correlation    -1 9 8 7 6 5 4 3 2 1 0 1 2 3 4 5 6 7 8 9 1

  1       -0.49800     |          **********|  .                 |
  2       -0.21431     |                ****|  .                 |
  3       -0.26208     |               *****|  .                 |
  4       -0.03903     |                 . *|  .                 |
  5        0.02848     |                 .  |* .                 |
  6        0.26562     |                 .  |*****               |
  7        0.09678     |                 .  |** .                |
  8       -0.07612     |                 .**|  .                 |
  9       -0.02590     |                 . *|  .                 |
 10        0.01071     |                 .  |  .                 |
 11       -0.03060     |                 . *|  .                 |
 12       -0.01096     |                 .  |  .                 |
 13       -0.05633     |                 . *|  .                 |
 14       -0.06927     |                 . *|  .                 |
 15       -0.02559     |                 . *|  .                 |
 16       -0.07202     |                 . *|  .                 |
 17        0.07173     |                 .  |* .                 |
 18       -0.11550     |                 .**|  .                 |
 19        0.19446     |                 .  |****                |
 20       -0.06963     |                 . *|  .                 |
 21       -0.06098     |                 . *|  .                 |
 22        0.00509     |                 .  |  .                 |
 23        0.01649     |                 .  |  .                 |
 24       -0.03984     |                 . *|  .                 |
```

图 6－5　人文社会科学成果序列一阶差分后偏自相关图（PACF 图）

偏自相关图图 6－5 显示差分以后序列仍然含有一定的季节效应，所以延迟 6 阶后，偏自相关系数又有一个反弹，偏自相关系数大于 2 倍标准差范围。延迟1、2、3阶偏自相关系数也大于2倍标准差，说明差分后序列还具有短期相关性。偏自相关系数在6阶出现反弹，说明6阶可能存在周期性。因此进一步对人文社会科学成果序列进行一阶以周期6为步长的季节差分运算。得到一阶6步差分后序列的自相关（ACF）与偏自相关（PACF）图，如图6－6、图6－7所示。

Autocorrelations

Lag	Covariance	Correlation	Std Error
0	77.471075	1.00000	0
1	-38.198208	-.49306	0.097129
2	7.373253	0.09517	0.118410
3	-7.966999	-.10284	0.119130
4	4.449425	0.05743	0.119964
5	23.348938	0.30139	0.120223
6	-28.991313	-.37422	0.127152
7	18.267670	0.23580	0.137149
8	-10.464625	-.13508	0.140922
9	4.969509	0.06415	0.142138
10	2.563220	0.03309	0.142411
11	-2.018577	-.02606	0.142483
12	2.841866	0.03668	0.142528
13	-16.229339	-.20949	0.142617
14	17.299758	0.22331	0.145491
15	-4.158241	-.05367	0.148690
16	-5.356716	-.06914	0.148872
17	5.553656	0.07169	0.149175
18	-10.959077	-.14146	0.149500
19	23.892644	0.30841	0.150757
20	-30.555742	-.39441	0.156596
21	15.898150	0.20521	0.165703
22	-2.496836	-.03223	0.168083
23	3.744436	0.04833	0.168142
24	-2.480294	-.03202	0.168273

图6－6　人文社会科学成果序列一阶6步差分后自相关图（ACF图）

Partial Autocorrelations

Lag	Correlation
1	-0.49306
2	-0.19546
3	-0.19659
4	-0.10636
5	0.39867
6	-0.01478
7	0.10457
8	0.04463
9	-0.11681
10	-0.05489
11	0.13714
12	-0.01989
13	-0.21417
14	0.04045
15	0.01290
16	-0.17039
17	0.16827
18	-0.02822
19	0.13559
20	-0.14996
21	-0.08132
22	-0.05832
23	0.15364
24	-0.06028

图6－7　人文社会科学成果序列一阶6步差分后偏自相关图（PACF图）

自相关图图6－6显示人文社会科学成果序列的在延迟5阶、6阶，自相关系数显著大于2倍标准差范围，偏自相关图图6－7显示延迟5阶偏相关系数显著大于2倍标准差，这说明差分后序列仍然存在显著的季节效应。延迟1、2、3阶偏自相关系数也大于2倍标准差，说明差分后序列还具有短期相关性。

如表6－2所示，在检验的显著性水平取为0.05的条件下，用 Q_{LB} 统计量作的 x^2 检验结果表明，P值均小于0.001，故人文社会科学成果序列为非白噪声序列，即差分后序列还蕴含着不容忽视的相关信息可供提取。对于人文社会科学成果序列，可以用周期为6的ARIMA（p，d，q）（P，D，Q）模型进行拟合。

表6－2　白噪声检验结果统计

延迟阶数	x^2	P值
6	55.38	<0.001
12	64.80	<0.001
18	80.64	<0.001
24	120.14	<0.001

6.2.2　模型定阶

人文社会科学成果经过差分处理后，可以判定为平稳非白噪声序列。我们就可以利用周期为6的ARIMA（p，d，q）（P，D，Q）模型为序列建模，为确定模型的阶数，还需要考察序列的自相关图与偏自相关图，如上图6－6、图6－7所示：自相关系数拖尾，偏自相关系数在第5阶截尾，因此选择AR（5）模型进行拟合，并进行参数检验，检验结果如表6－3所示：

表6－3　AR（5）模型参数检验结果

参数	系数	t值	P值	延迟阶数
AR1，1	－0.66540	－7.15	<0.001	1
AR1，2	－0.30555	－2.65	0.0081	2
AR1，3	－0.14722	－1.21	0.2278	3
AR1，4	0.16561	1.42	0.1565	4
AR1，5	0.46384	4.51	<0.001	5

从表6-3可以看出，自相关系数在滞后3，4阶不显著（0.2278 > 0.05；0.1565 > 0.05），为了更加合理地设定模型，我们可以将3，4阶剔除，即在AR（5）的基础上得到疏系数模型AR（(1，2，5)），AR（(1，2，3，5)）与AR（(1，2，4，5)）三个模型。

6.2.3 模型检验

用Clementine软件对AR（(1，2，5)），AR（(1，2，3，5)）与AR（(1，2，4，5)）三个拟合模型进行白噪声与参数检验。结果只有AR（(1，2，4，5)）模型通过两项检验，结果如表6-4、表6-5所示。

表6-4 AR（(1，2，4，5)）模型参数检验

参数	系数	t值	P值	延迟阶数
AR1，1	-0.62060	-7.24	<0.0001	1
AR1，2	-0.21361	-2.48	0.0131	2
AR1，3	0.25630	2.85	0.0044	4
AR1，4	0.51337	5.45	<0.0001	5

表6-5 AR（(1，2，4，5)）模型残差白噪声检验

延迟阶数	x^2	P值
6	4.30	0.1162
12	11.18	0.1915
18	16.55	0.2807
24	29.34	0.0813

对上述拟合模型AR（(1，2，4，5)）进行参数显著性检验，表中回归系数的T统计量的P值均小于0.05，参数显著性检验结果表明回归系数高度显著，该模型通过了参数检验。

模型AR（(1，2，4，5)）所有LB统计量的P值都大于检验水平0.05，故模型通过了白噪声检验，残差序列为白噪声序列，说明模型提取信息充分。该疏系数模型AR（(1，2，4，5)）通过了参数显著性检验与白噪声检验，因此，该模型拟合成功。

用 SAS 软件对备选模型进行拟合，结果表明 ARIMA（(1，2，4，5)，1，0）(0，1，0)$_6$拟合效果最佳，其模型及其参数如下：

$$\nabla^1 \nabla_6^0 Y_t = \frac{\xi_t}{(1 + 0.6206B + 0.21361B^2 - 0.2563B^4 - 0.51337B^5)}$$

从模型的拟合效果图图 6－8 可以看出，人文社会科学成果的原始数据时序图与模型拟合的时序图较为吻合，说明 ARIMA（(1，2，4，5)，1，0）(0，1，0)$_6$拟合的效果良好。但是从图 6－8 中也可以看出，1909—1949 年间观察值与拟合值之间存在误差。

需要强调指出的是，由于本文的数据是以 5 年为一个样本点，6 阶存在周期性，说明人文社会科学成果的超常涌现周期为 30 年；换言之，人文社会科学存在 30 年的发展周期（见表 6－6）。

表 6－6　15 世纪以来人文社会科学各周期时间区间表

周期序列	时间区间	周期序列	时间区间
周期 1	1454—1483 年	周期 10	1724—1753 年
周期 2	1484—1513 年	周期 11	1754—1783 年
周期 3	1514—1543 年	周期 12	1784—1813 年
周期 4	1544—1573 年	周期 13	1814—1843 年
周期 5	1574—1603 年	周期 14	1844—1873 年
周期 6	1604—1633 年	周期 15	1874—1903 年
周期 7	1634—1663 年	周期 16	1904—1933 年
周期 8	1664—1693 年	周期 17	1934—1964 年
周期 9	1694—1723 年	—	—

如图 6－8 拟合效果图所示，拟合曲线起点是 1454 年，即 15 世纪以来人文社会科学的周期性从 1454 年开始表现出来，以后以 30 年为一个时间段，出现上下波动的情况，到 1964 年共经历了 17 个周期，如表 6－6 所示。

用 Clementine 软件进行 ARIMA 模型拟合的过程代码，如图 6－9 所示。

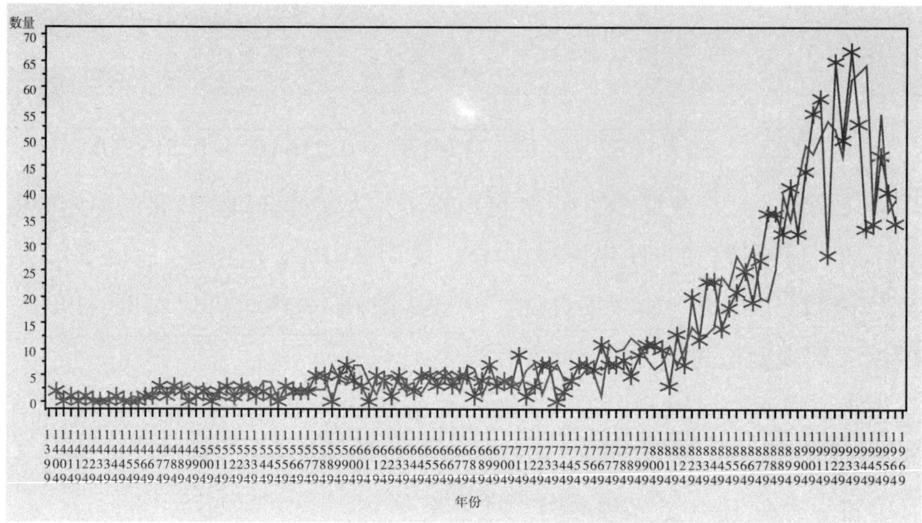

图 6-8　模型拟合效果图

```
data arima; /*数据输入：从1504到1964年，时间间隔为10年*/

proc gplot data=arima;
  plot y*year/haxis=axis1 vaxis=axis2;
  symbol i=spline v=star h=2 c=blue;
  axis1   label=('年份') order=(1399 to 1969 by 5);
  axis2   label=('数量') order=(0 to 70 by 5);
run;

proc gplot; /*绘制数据取一阶差分后的时序图*/
    plot dify*year;
    symbol i=spline v=star c=red;
run;

proc arima; /*对数据作1阶差分检验*/
    identify var=y(1)  ;
run;
```

```
proc gplot; /*绘制数据取1阶6步差分后的时序图*/
    plot dify1_6*year;
    symbol i=spline v=star c=red;
run;
proc arima; /*对数据作1阶6步差分检验*/
    identify var=y(1,6);
run;
estimate p=5 noconstant method=ml;
run;
estimate p=(1,2,5) noconstant method=ml;
run;
estimate p=(1,2,4,5) noconstant method=ml;
run;
forecast lead=0 interval=6 id=year out=results;
run;
proc print data=results;
run;
```

```
proc gplot data=results; /*绘制拟合结果时间序列图*/
plot y*year forecast*year/overlay haxis=axis1 vaxis=axis2;
symbol1 i=join   c=blue;
symbol2 i=join   c=red;
axis1   label=('年份') order=(1399 to 1969 by 5);
axis2   label=('数量') order=(0 to 70 by 5);
run;
```

图 6－9　Clementine 拟合过程代码图

6.3　本章小结

本文采用时间序列方法，选取成果数量作为代表人文社会科学发展的特征值，根据人文社会科学成果从 15 世纪至 20 世纪末的演变过程，从中找出人文社会成果定量演变规律，进而得到人文社会科学发展的轨迹。

本文基于 ARIMA 乘积季节模型，对样本时间序列进行平稳化处理、模型识别以及模型定阶，得到 ARIMA（（1，2，4，5），1，0）（0，1，0）$_6$模型较好地拟合人文社会科学的发展轨迹。

人文社会科学成果的超常涌现周期为 30 年；成果是人文社会科学发展的载体，换言之，人文社会科学存在 30 年的繁荣周期。人文社会科学成果超常涌现表征人文社会科学发展的高峰期，这个时期人才辈出，硕果累累，人文社会科学的发展具有蓬勃的生命力。

7　15 世纪以来人文社会科学强国的空间分布

近代以来，自然科学对人类文明发展进程起到了至关重要的作用，自然科学发展的轨迹、规律、方向与趋势等引起了学者的广泛关注。早在 20 世纪 30 年代，美国科学社会学家默顿提出了科学兴趣中心转移的现象，并用定量分析方法进行研究。50 年代，英国科学史家贝尔纳（1959）发现世界科技具有中心转移的现象，他在《历史上的科学》一书中，定性描述了科学技术活动中心在世界范围内随时间转移的概貌。1962 年，日本科学技术史学家汤浅光朝受前人研究启发，对自然科学中心转移现象进行了定量研究，发现了世界科学中心转移的量化规律，汤浅将科学成果占到世界科学成果 25% 以上的国家称为“科学中心”，并将保持在 25% 以上的时间，叫作“科学兴隆周期”，科学学上称之为“汤浅现象”①②。中国科学计量学家赵红州（1984）对汤浅现象进行了独创性的研究，发现了科学活动中心转移现象，并分析了各国成为科学中心的原因，提出社会的科学能力是科学自身发展的内部动因等开创性的观点。中国学者黄欣荣和王英（1990）对古代科学技术中心的转移进行研究，填补了古代部分的空白。此后，刘则渊和王海山（1981）、查有梁（1991）、陈文化（1992）、梁立明（1991，1999）等中国学者进一步对“汤浅现象”进行深入研究，取得了一些有价值的成果。

国外有很多关于人类文明史的著作，从历史角度分析了人类文明的进

① 汤浅光朝．科学活动中心的转移［J］．科学与哲学，1979（2）．

② 汤浅光朝．解说科学文化史年表［M］．北京：科学普及出版社，1984.

程阶段。例如查尔斯·默里在《文明的解析》一书中，分析从公元前800—1950年的人类艺术与科学成就。《世界文明史——观察世界的新视角》《世界文化史》《文化社会学视域中的文化史》等著作中，都涉及人文社会科学发展的相关历史。

7.1 人文强国的概念

受汤浅研究方法的影响，在已有的关于人文社会科学中心转移研究成果中，都是用一个国家的人文社会科学成果数或者科学家人数占同期世界总数的百分比来定义“中心”，有学者认为超过15%（或20%）就是“中心”也有学者将“中心”标准定为25%。本文认为，这种以百分比来定义“中心”的方法较为主观，随着百分比标准的变动，研究的结论也会发生变化，不能很好地反应客观情况，也没有依据支持该比例的科学性。如果成果占总数25%的是中心，那么成果数占总数24%的国家在研究中就会被人为地忽略掉，有可能在24%与25%之间的作品数相差无几，此时，“中心”在量上并没有很大优势，也不是客观意义上的“中心”。为解决此缺陷，本文考虑过三条解决路径。

路径一：平面几何中心路径。基本思路是将人文社会科学家在各国的分布绘制在世界地图上，找出不同时间段的分布图形几何中心。但是，此思路在实践上有难度。由于地图上有海洋的存在，最后绘制的几何中心很可能在海洋上，这不符合客观实际。如果避开海洋地理位置的影响，选择一个成果密集区域，绘制其几何中心，同样不能避免对密集区域选择上的主观性。因而，此路径探索不成功。

路径二：标准路径。所谓标准路径就是找到一个在历史上某个时期被认为人文社会科学发展高峰期的国家，将其当时人文社会科学家占总数的比例定为标准，和这个标准差距最小的就是“中心”。但是，如何选择这个标准“中心”比例同样受主观因素影响。另外，特定时间段内的比例只能说明当时的情况，不能很好地衡量和判断15世纪以来整个人文社会科学的发展情况。

路径三：将问题简化，用“第一”代替“中心”。本文提出“人文社会科学强国”概念（简称“人文强国”，下同），即将一个国家的杰出人文社会科学家人数占同期全世界总数百分比最大，也就是排名第一的国家称为“人文强国”，将排名“第一”持续的时间称为该国的人文社会科学家高峰期。人文社会科学的发展，主要是众多杰出人文社会科学家做出的贡献，本文选用杰出人文社会科学家人数作为各国人文社会科学活动的重要标志。“人文强国”的概念既包含了人文社会科学中心的概念，也弥补了从主观上按成果比例衡量“中心”的不足。

7.2 五国杰出人文社会科学家人数统计

需要指出的是，人文社会科学成果是由人才创造出来的，人也因为其成果而被世人所知晓和流传，人与成果是“一体两面”的关系。虽然《简明不列颠百科全书》等资料并不是直接以成果，而是以人物简介为词条，但是能够进入词条的人物也都是因为成果而成名。因此本文选择的样本依然是以“成果”为判断标准，人才与成果画上了等号，杰出人文社会科学家人数近似等同于成果数。

通过对所援引资料的统计得出：样本总数 1380 人，涉及 46 个国家。其中，意、英、法、德、美五国的杰出人文社会科学家为 1098 人，占总数的 79.57%，由于自 15 世纪到 1969 年，这五个国家的人文社会科学家人数一直远远高于其他国家，即人文强国在此五国形成，因此，本文仅就这五国的情况进行分析研究。

本文以 30 年为一个时间段，五国各时期的杰出人文社会科学家人数分布情况见表 7－1。

7.3 人文强国的兴衰模式

Paterculus 发现人才的周期性涌现现象：在人类成就的每一个领域内，

表 7－1　五国杰出人文社会科学家人数统计表（1400—1969 年）

（单位：人，%）

国家／时间	意大利		法国		德国		英国		美国		所有国家
	数量	%	数量	%	数量	%	数量	%	数量	%	数量
1400—1429 年	1	25. 00	1	25. 00	0	0. 00	2	50. 00	0	0. 00	4
1430—1459 年	1	33. 33	0	0. 00	1	33. 33	1	33. 33	0	0. 00	3
1460—1489 年	3	37. 50	0	0. 00	0	0. 00	2	25. 00	0	0. 00	8
1490—1519 年	3	42. 86	1	14. 29	0	0. 00	1	14. 29	0	0. 00	7
1520—1549 年	6	66. 67	0	0. 00	2	22. 22	1	11. 11	0	0. 00	9
1550—1579 年	4	28. 57	3	21. 43	1	7. 14	2	14. 29	0	0. 00	14
1580—1609 年	3	12. 00	7	28. 00	1	4. 00	5	20. 00	0	0. 00	25
1610—1639 年	3	15. 79	5	26. 32	2	10. 53	8	42. 11	0	0. 00	19
1640—1669 年	0	0. 00	6	22. 22	2	7. 41	12	44. 44	0	0. 00	27
1670—1699 年	1	3. 57	12	42. 86	0	0. 00	9	32. 14	0	0. 00	28
1700—1729 年	1	3. 57	10	35. 71	4	14. 29	8	28. 57	0	0. 00	28
1730—1759 年	5	21. 74	6	26. 09	5	21. 74	3	13. 04	1	4. 35	23
1760—1789 年	2	4. 44	10	22. 22	11	24. 44	13	28. 89	2	4. 44	45
1790—1819 年	1	1. 59	22	34. 92	18	28. 57	13	20. 63	1	1. 59	63
1820—1849 年	2	1. 77	31	27. 43	30	26. 55	19	16. 81	10	8. 85	113
1850—1879 年	4	2. 65	24	15. 89	37	24. 50	36	23. 84	15	9. 93	151
1880—1909 年	7	2. 67	36	13. 74	50	19. 08	61	23. 28	53	20. 23	262
1910—1939 年	6	1. 76	20	5. 88	39	11. 47	59	17. 35	133	39. 12	340
1940—1969 年	2	0. 95	18	8. 53	7	3. 32	32	15. 17	119	56. 40	211
合计	55	—	212	—	210	—	287	—	334	—	1380

杰出人才可在同一短暂的时间内相继涌现①。Gray（1958，1961，1966）也对人才在黄金时期集中涌现的问题感兴趣，认为创造力上升与下降这种结构的出现受政治周期、经济周期和社会环境周期影响，当这三种周期都处于峰值时，艺术与科学产出进入全盛时期。Simonton（1996）将文化结构分为高峰、低谷、上升与下降四种状态，指出当在具体领域处于下降状态时，不容易出现杰出人才；当整个系统内活动都处于增长阶段时，杰出人才出现的概率较大②。Weber（2005）认为，文明就像活着的生物，它们有一个像出生一样的开始，一个年青的成长阶段，一个可以延长的成熟和力量阶段，一个停滞期，紧接着是最后的衰亡。③ 人文社会科学作为人类文明的重要组成部分，同样也经历出生、成长、成熟、停滞及衰亡的阶段，类似于人类的生命周期开始到终结的过程。图7－1描述了意、英、法、德、美五国1400—1969年的杰出人文社会科学家人数百分比变动情况。

从图7－1可以看出，人文社会科学在各国的发展存在共性，都是一种波动的结构，存在高峰、低谷、上升和下降四种状态。但是各国又具有各自的特征，具体讲有3个方面。

（1）振幅。振幅是指震动物体与平衡位置的距离。在此，从图7－1可以看出，五国的杰出人文社会科学家人数比例波动分为平缓型和陡峭型。平缓型的有法国、英国和德国。法国与英国的人文社会科学家人数比例绝大部分保持在20%～40%；法国的人文社会科学家在1579年之前保持在20%以下，1579年之后保持在20%～40%。

而意大利与美国人文社会科学家人数百分比数据的波动幅度较大，意大利的最大数据达到约66%，最小的接近于0。美国在1760年之前波动较小，1760年之后数量直线上升。

---

① Kroeber, A. L. Configurations of Culture Growth［M］. Univ. of California Press, 1944：17，18.

② Simonton, D. K. Individual Genius within Cultural Configurations：The Case of Japanese Civilization［J］. Journal of Cross－Cultural Psychology, 1996b, 27：354－375.

③ 阿尔弗雷德·韦伯．文化社会学视域中的文化史［M］．姚燕（译）．上海：上海人民出版社，2005.

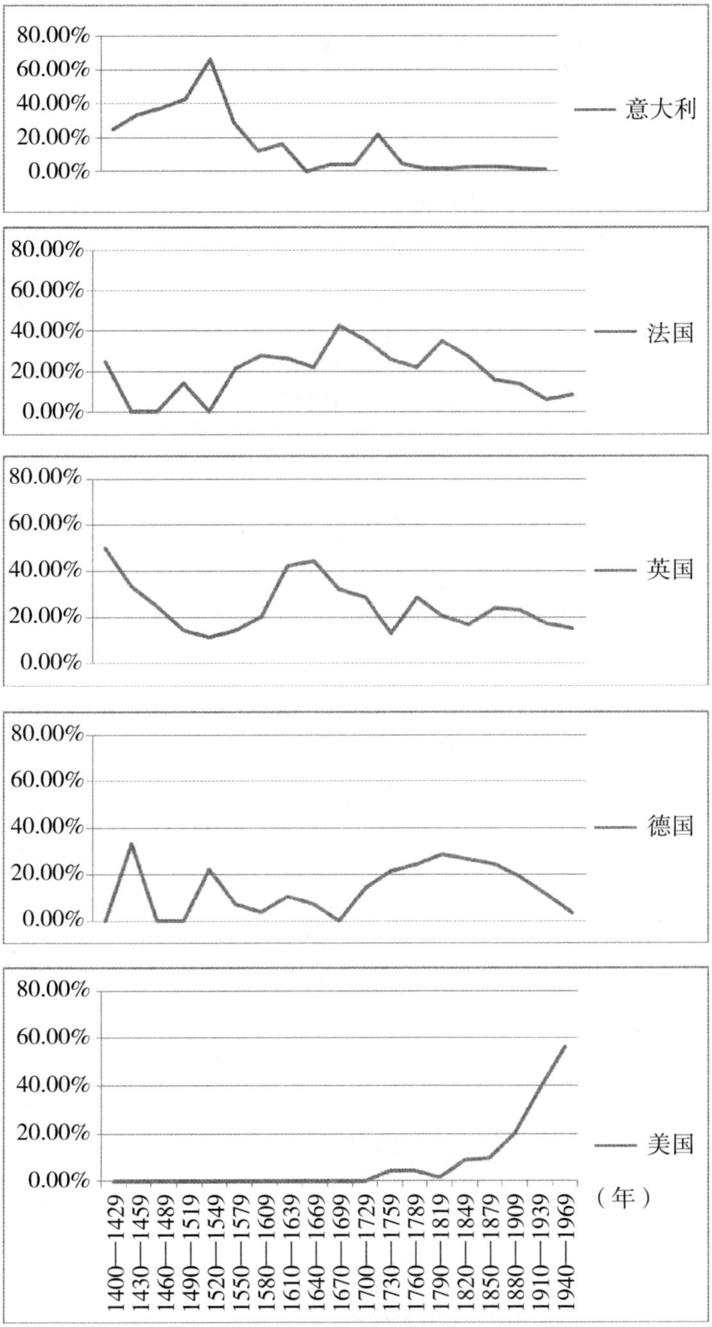

图 7－1　五国杰出人文社会科学家人数同比曲线

（2）频率。由图 7 －1 可以看出，意大利与美国的数据波动频率较小，意大利 1400—1969 年出现两次波动，美国在出现两次幅度较小的波动之后，数据一直保持上升趋势。

法国、英国、德国的波动频率较大，其中法国的波动频率最大，出现了 4 个较为明显的高峰，法国与英国各有 3 个较为明显的高峰。

（3）时间。由于美国基本上保持持续上升趋势，没有明显的波动，因此，本文分析其他四国的波动情况。各国数据波动时间见表 7 －2、表 7 －3 和表 7 －4。

表 7 －2　意大利与德国社会科学家人数比重波动时间表

	第一次波动			第二次波动		
	上升	高峰	下降	上升	高峰	下降
意大利	1400—1549	1549	1550—1669	1670—1759	1759	1760—1969
德国	1400—1459	1459	1460—1489	1520—1669	1669	1670—1969

表 7 －3　英国社会科学家人数比重波动时间表

英国	第一次波动		第二次波动			
	下降	上升	下降	上升	下降	上升
	1400—1549	1549—1699	1699—1759	1759—1789	1789—1969	

表 7 －4　法国社会科学家人数比重波动时间表

法国	第一次波动		第二次波动		第三次波动	
	下降	上升	下降	上升	下降	上升
	1400—1489	1489—1519	1519—1549	1549—1609	1609—1669	1669—1699
	第四次波动					
	下降	上升	下降			
	1699—1789	1789—1819	1819—1969			

7.4　人文强国空间转移轨迹

本文中的人文强国指的是一个国家的杰出人文社会科学家人数占同期全

世界总数百分比最大，也就是排名第一的国家。人文强国在空间分布上会随着时间的推移产生相应的变动，呈现一定的规律性；并且在演变过程中不可避免地受到多种相互依存的偶然或非偶然因素影响。因此，本文通过分析事物从过去到现在的演变过程，进而从中找出特征值定量演变规律。

7.4.1　人文强国空间转移的顺序

可以看出，从15世纪到1969年，五国杰出人文社会科学家人数百分比位次不断发生变化，第一的位置不会专属于某个国家，而是此消彼长，在各国家之间发生交替转移。人文社会科学强国空间转移轨迹为英国—意大利—法国—英国—法国—英国—法国—德国—英国—美国。

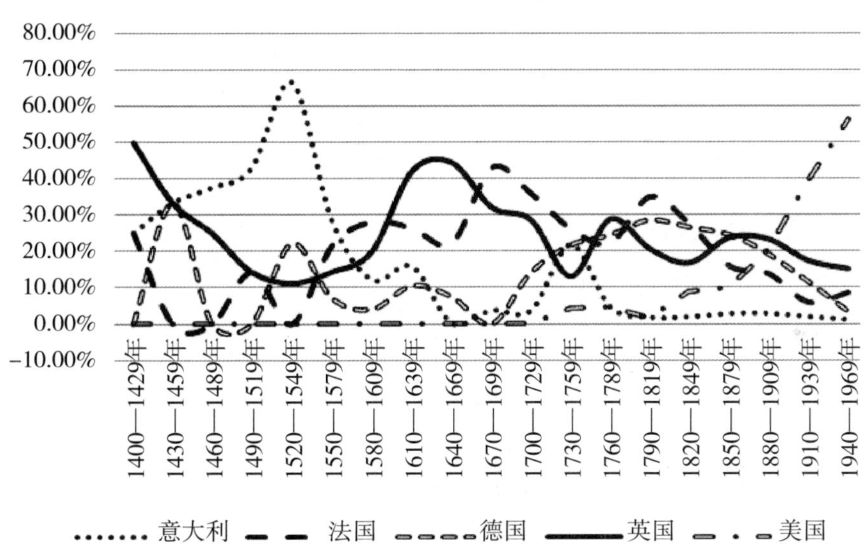

图7-2　五国杰出人文社会科学家人数百分比时间序列对比图

7.4.2　人文强国的强盛期时间

本文把一个国家的杰出人文社会科学家人数占同期全世界总数百分比最大，也就是排名第一的国家称为“人文强国”，排名第一保持的时间称为“人文社会科学强盛期”，那么各强国的强盛期如表7-5所示，T_a表示强盛期的起始时间，T_b表示强盛期的终结时间，强盛期 $T_c = T_b - T_a$。下表的数据皆由图 7－2 中读出。

表 7－5　人文强国强盛期统计表

国家	强盛起点年份（T_a）	峰值年份	强盛终点年份（T_b）	持续时间	国家	强盛起点年份（T_a）	峰值年份	强盛终点年份（T_b）	持续时间
英国	1400	1430	1459	60 年	英国	1779	1789	1795	17 年
意大利	1460	1549	1584	125 年	法国	1796	1819	1849	54 年
法国	1585	1609	1620	46 年	德国	1850	1850	1879	30 年
英国	1621	1669	1690	70 年	英国	1880	1880	1912	32 年
法国	1691	1699	1778	88 年	美国	1913	1969	1969	57 年

1400—1969 年，人文强国在英、意、法、英、德之间经历了 8 次转移，其中，人文强国意大利的强盛时间最长为 1460—1584 年，共持续了 125 年。而德国的强盛期最短，只有 30 年。

对各国不同时间段的强盛期进行分析，并做出时间长度变化的多项式趋势线，结果如图 7－3 所示。

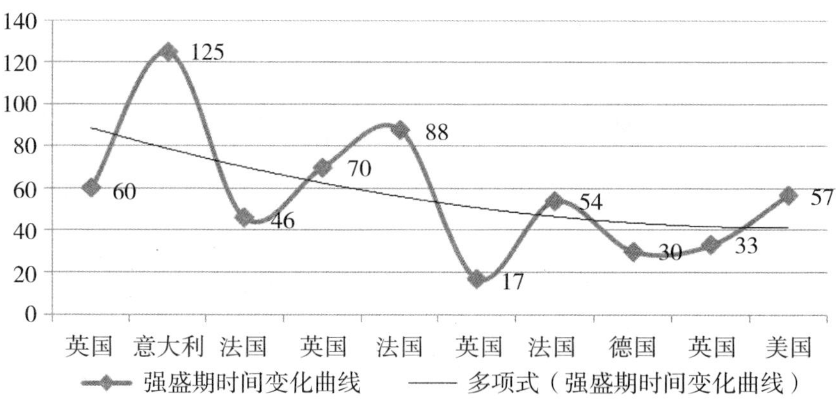

图 7－3　人文强国强盛期变化趋势图

可以看出 1400—1969 年各国强盛期存在波动的情况，时长时短，但是总体呈下降趋势。也就是说，强盛期的时间越来越短，不可能像 15 世纪末到16世纪末的意大利，处于人文强国的地位125年。

在此，去掉表7－3中的一个最大值125与一个最小值17，然后对各国强盛期的其他数值求平均，结果可以得出一个人文强国的平均周期是55年。以峰值年代计算，去掉一个最大值109，去掉一个最小值30。峰值从一个国家的人文社会科学兴盛期到另一个国家的人文社会科学兴盛期的平均转移周期是56年。

7.4.3 人文强国空间转移模式

参考图7－2、图7－3相关数据信息，人文强国的空间转移模式可概括为3类。

一国独强式：此模式是指在较长一个历史时期内，一国的强盛期经久不衰，经历了强盛期的高峰，在走向衰退的过程中，强国地位被其他国家所替代。在本研究分析结论中，1460—1584年的意大利强盛期、1691—1778年的法国强盛期都属于一国独强式。另外，1913—1969年的美国，一直保持着强国的地位没有出现下降趋势，并且其他四国与之差距较大，因此，美国的强盛期也属于一国独强式。

两国角逐式：两国角逐式是指在较长的一个历史时期，两国人文强国占总数的比例此消彼长，强盛期交替出现。本文中，1585—1795年200多年中，法国与英国呈现一种竞争状态，强盛期交替出现，1585—1620年法国处于强国地位，此后，英国进入兴隆期并持续大约70年。1691年，法国再次争得第一的位置，直到1779年再次被英国超越。

多国交替式：多国竞争是三个或三个以上国家展开激烈的竞争，各国实力相差较小，强盛期持续时间较短，强国空间转移的频率较快的一种竞争模式。1779—1912年，英、法、德及美国之间强国的空间转移就是此模式。英国从1779年占据强国地位，1796年法国取代英国，1850年德国又超越法国的实力取得强国地位，1880年英国再次进入其强盛期直到1913年被美国超越。美国在1779—1912年虽然没有取得强国的地位，但从1820年开始，美国所占比例就开始处于增长态势，因此美国也是该时间段多国竞争中的一员。

7.5 人文强国的竞争力与赶超速度

人文强国的竞争力，也就是人文强国“强”的程度，在之前的分析中，本文选取排名第一作为指标，从时间序列上得到了“第一”转移的轨迹。那么要了解各个强国之间的强度差距如何，“第一”与“第二”差距如何，以及“第二”追赶上“第一”的情况，需进一步深入分析人文强国的竞争力。

7.5.1 人文强国绝对竞争力

所谓绝对竞争力，是指各人文强国之间的强弱对比。也就是从横向上比较各次“第一”之间的强弱。在此，用 H_i表示人文强国的竞争力，在此将人文社会科学强国在其强盛期 T_c内杰出科学家人数百分比 P_i（T）的平均值叫作人文强国绝对竞争力。其中，强盛期 $T_c = T_b - T_a$，计分段 T_d为 10 年，则

$$H_i = \frac{\sum_{T_a}^{T_b} P_i(T)}{T_b - T_a} \times T_d = \frac{\sum_{T_a}^{T_b} P_i(T)}{T_c} \times T_d = \frac{\sum_{T_a}^{T_b} P_i(T)}{S_c}$$

$S_c = \frac{T_d}{T_c}$，即强盛期内的分段数。根据此公式计算出各人文强国的绝对竞争力，这个参数的几何意义就是人文社会科学强国百分比统计曲线纵坐标在整个中心强盛期内的平均高度。总体上反映出人文强国在当时所处的地位。如表 7－6 所示。

表 7－6 人文强国绝对竞争力数据表

国家	绝对竞争力	国家	绝对竞争力
英国	0.4167	英国	0.3500
意大利	0.6933	法国	0.3351
法国	0.2303	德国	0.2515
英国	0.3722	英国	0.2835
法国	0.2482	美国	0.5755

从表7－6可以看出，15世纪以来先后出现的10次人文强国中，绝对竞争力最强的是意大利与美国。英国多次处于强国的地位，竞争力也比较大，而德国是强国中绝对竞争力最小的国家。

7.5.2 人文强国相对竞争力

相对竞争力是指不同时期的人文强国，即排名第一的国家在强盛期内与第二名的差距，第二名可能在不同国家间出现，这不影响研究结果，在此只关心第二名的位置。则人文社会科学强国 i 在其强盛期 T_c 内科学家人数百分比 P_i（T）与第二名的百分比 N_i（T）差值的总和称为相对竞争力。

$$I_i = \sum_{T=T_a}^{T_b} [P_i(T) - N_i(T)]$$

这个参数的几何意义就是人文社会科学强国百分比统计曲线纵坐标在整个中心强盛期内面积与第二名的面积的差值。

7.5.3 人文强国的追赶速度

理论上讲，第二名取代第一名的过程中存在一个时间点，在该点上第二名超越第一名。反映在本文中，第二名国家的时间序列曲线与第一名的时间序列曲线应该有一个交点，在该交点上两者的位置发生变动。那么，第二名在该交点的赶超速度是区分追赶强度与模式的重要指标。如果用单位时间内绝对数量的差值表示速度的增量，就会出现与现实的矛盾，因为人数从1增加到2与从99增加到100，绝对量上都增加了1，但是此时增长量1所代表的实力却不相同。在此，用单位时间杰出人文社会科学家人数增长率来表示追赶速度。单位时间是交点所在的时间计分段，也就是焦点所在的30年时间段。

$$V_i = \frac{W_{i+29} - W_i}{W_i}$$

V_i就是追赶速度，表示人文社会科学家人数在交点所在单位时间（30年）内的绝对数量增长率。i表示交点所在计分段的起点年份，i+29表示计分段的终点年份。则各时期第二名追赶第一名的速度如表7－7所示。

表 7－7 第二名超越第一名时的速度

国家地位更替	交点年份	赶超速度	国家地位更替	交点年份	赶超速度
意超英	1459	200%	法超英	1795	120%
法超意	1584	133%	德超法	1849	23%
英超法	1620	60%	英超德	1879	69%
法超英	1690	100%	美超英	1912	30%
英超法	1778	333%	—	—	—

从表 7－7 可以看出，大约从 1778 年往后，数据开始收敛，数值越来越小，也就是说第二名在超越第一名时的交点上速度越来越慢，也就是说赶超难度越来越大。在 15 世纪可能某个国家人文社会科学家人数增长几个，其地位就会发生改变，有可能超越第一名而进入人文强国之列。但从 18 世纪后期开始，人文社会科学家人数出现剧增，没有足够的人数优势和增长率，很难取得第一的位置。

7.6 人文强国绝对人文社会科学家数平均值的指数增长

人文强国强盛期的长短只反映强国持续的时间，但并没有从数量上反映为人类文明做出贡献的杰出人文社会科学家到底有多少。随着历史的发展，人文强国涌现出的杰出人文社会科学家数量如何变化？现代与古代的人文强国有没有区别？人才在量上是一个怎样的变化情况？这些问题都需要进一步研究。

美国科技史学家普赖斯综合分析了大量的统计资料，揭示科学文献增长规律的曲线，即普赖斯曲线。他以科学文献量为纵轴，以历史年代为横轴，把各不同年代的科学文献量在坐标系中逐点描绘出来，通过平滑方法得出一条曲线。这条曲线近似地表征了科学文献随时间增长的规律，即科学文献量的增长与时间成指数函数关系。查尔斯·默里在《文明的解析》① 中分析得出：公元 1400 年后，欧洲与美国的重大人物的数量呈现指

① 查尔斯·默里. 文明的解析——人类的艺术与科学成就（公元前 800—1950 年）［M］. 胡利平（译），上海：上海人民出版社，2008：269－271.

数增长。人文强国是各个时代的佼佼者，它基本上代表了当时世界文化的最高水平。因此，根据普赖斯曲线的指数规律，各强国的杰出人文社会科学家人数也应该是不断发展的。如果按照各时间分界点的总数标记在纵坐标上，会得到10个离散点，并且波动性很大，很难看到整体的变化情况。黄欣荣（1990）在分析世界技术中心转移规律时用技术成果均值这个参数描绘了各技术中心的技术水平。在此，本文借鉴黄欣荣（1990）的方法，研究人文强国强盛期科学家数量的变化规律。

$$M_i = \frac{\sum_{T_r}^{T_f} W_i(T)}{T_f - T_r} \times T_e = \frac{N_c}{T_c} \times T_e$$

M_i就是人文社会科学家人数均值，表示强盛期 T_c内单位时间 T_e的绝对科学家数 N_i的平均值。其中，$T_e = \frac{1969 - 1400 + 1}{10}$，因为从1400—1969年570年里，共有十次强国的出现，如果要得到一条连续的曲线，每个强国的单位时间应该是57年。得到的人文强国强盛期杰出人文社会科学家人数的均值及变化规律如图7-4所示。

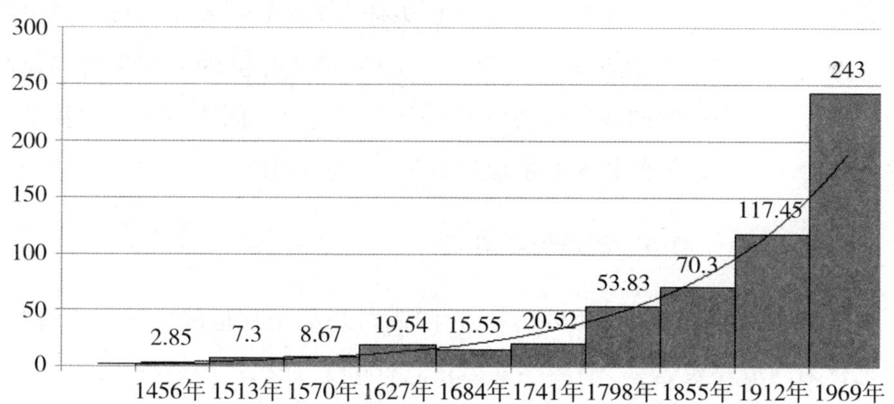

图7-4　人文强国强盛期人文社会科学家平均人数变动图

图7-4中的曲线是回归分析得到的指数曲线，与原始数据非常吻合，也就是说人文强国的杰出科学家人数也是呈指数增长的。与普赖斯曲线的结论相一致。

8 统计结果解释

人文社会科学易受其他因素的干扰①。人文社会科学在发展过程中，不可避免地受到多种相互依存的偶然或非偶然因素影响，因而对人文社会科学人才年龄与成果的时空分布现象的分析十分复杂。在此，只能从逻辑层面上对各种分布及研究结论进行合理性解释。

8.1 人文社会科学人才年龄分布统计结果解释

从逻辑上讲，解释人文社会科学人才成果年龄“倒 U 型”对数正态分布特征，需要依次解决 3 个问题：（1）为什么人文社会科学的成果产出存在最佳年龄？（2）最佳年龄如何分布？（3）最佳年龄的分布为何存在峰值？回答这三个问题的理论基础是人的个体创造力，创造力是一种复杂的生理与心理现象，需要从人的生理与心理特征进行分析。

8.1.1 个体创造力的最佳年龄

Haensly 和 Reynolds（1989）认为创造力并不是其他的心理加工过程，而是智力的最终表达②。著名学者巴伦（2005）提出：如果将创造力定义为对刺激情景做出适应性的和不寻常的反应的能力，而将智力定义为解决

---

① 欧阳康．人文社会科学哲学［M］．武汉：武汉大学出版社，2001：199，202.

② Haensly，P. A.，Reynolds，C. R. Creativity and Intelligence，Printed in Handbook of creativity. Perspectives on Individual Differences. Glover，John A.，Ronning，Royce R.，Reynolds，Cecil R.（Ed），New York，NY，US：Plenum Press. 1989：111 －132.

问题的能力，则在问题解决能力的较高水平上，智力的表现形式也是创造力①。Barron（1963）总结智力与创造力关系并得出："较高创造性的人常有高智商。"② 美国学者哈理特·朱克曼在其《科学界的精英》一书中，对 100 位诺贝尔奖获得者做了深入的分析，结论是：完善的智力结构和人格是这些人共有的心理特征③。由此可见，智力是创造力的基础，智力水平是决定创造力水平的关键因素。

Cattell 与 Horn（1941，1950，1965，1966,）根据因素分析的结果，按心智能力的功能差异，将人类智力划分为两种，即晶态智力和液态智力。晶态智力指通过言语理解和一般知识测量而获得的，是一个人收集、储存信息的能力。以学得的经验为基础的认知能力，与文化知识、经验的积累有关，如知识广度、判断能力等；液态智力指通过抽象归纳推理测量而获得，是获得、运用信息的能力，以生理为基础的认知能力，不依赖于文化和知识背景而对新事物学习的能力，如注意力、记忆力、知识整合能力、思维的敏捷性等。

Horn（1967）认为：晶态智力与大脑颞叶等皮层功能有关，由于它与较广泛的神经结构相联系，当一些神经结构退化时，另一些部位仍具有替代作用，因此，晶态智力随年龄增长保持较好的功能，成年后并不衰退，而是有所提高，直至 70 岁后方出现缓慢减退。液态智力与大脑边缘系统的结构有密切的关系，这些部位较易受脑缺血的影响，因而它与年龄变化的关系较密切，成年后随年龄增长而下降较快，较早出现衰退④。晶态智力与液态智力的交点年龄，是个体创造力的"最佳年龄"，这个时期记忆力与思维能力方兴未艾，又具有广博的知识和经验积累。

---

① 罗伯特·J. 斯腾伯格．创造力手册［M］．施建农译，北京：北京理工大学出版社，2005：212.

② Barron，F. Creativity and Psychological Health［M］. Oxford，England：D. Van Nostrand，1963.

③ 哈里特·朱克曼．科学界的精英［M］．周叶谦等译，北京：商务印书馆，1982：395.

④ Horn，J. L.，Cattell，R. B. Age Differences in Fluid and Crystallized Intelligence［J］. Acta Psychologica，1967（26）.

知识与创造力的张力理论认为，知识与创造力之间应保持适度的张力：一方面，知识是创造力的基础；另一方面，丰富的知识经验又会使人囿于常规，妨碍人的创造。知识和创造力的关系是一种倒 U 形的关系①。知识储备随着年龄不断增加，也就是说知识有一个最佳存储量，在这个储量上创造力能够发挥到最佳。张永红（2005）利用医学上的研究结果，结合中外人才成果年龄分布指出，“青年时期，也就是 25 ~ 35 岁是人生极富创造力的时期。”②

个体创造力“最佳年龄”是一种统计规律，也是一种客观规律③。人文社会科学家认识、评价和观念地掌握社会，做出具有价值的学术成果，需要耗费大量的脑力与精力，在一个人文社会科学家的一生中，只有在创造力的“最佳年龄”才能够胜任这种工作，这个时期既有良好知识收集和储存能力，也具有娴熟的驾驭和运用知识的能力，精力旺盛，富于想象，个体创造力达到最高水平。

8.1.2　个体创造力的差异性与最佳年龄区间

Diamond（1985）等人解剖了爱因斯坦的大脑，发现其左半球的 39 区，神经细胞与胶质细胞的平均比率明显比对照组科学家要小，爱因斯坦的脑皮层可能具有非同寻常的“新陈代谢需要”④。个体的大脑发育程度与速度以及细胞构成的差异都可能影响人体的创造力。个体创造力除了受智力因素的影响外，还受知识背景、动机、人格等内部非智力因素，以及个体所在的群体、社会甚至历史背景等外部因素影响⑤。

在多种因素共同作用下个体间创造力存在差异，这种差异表现在创造

---

① 周治金，杨文娇．论知识与创造力的关系［M］．北京：高等教育研究，2007（10）．

② 张永红．浅析人才成长的规律［J］．云南科技管理，2005（3）：56 – 58.

③ 赵红州．科学能力学引论［M］．北京：科学出版社，1984：21.

④ Runco，M. A. Creativity［M］. Annu. Rev. Psychol，2004，55：657 – 687.

⑤ 朱琳．智力与创造力关系探究［M］．毕节师范高等专科学校学报，2003（6）．

性成果产出的时间上，也就是个体创造力的“最佳年龄”。爱因斯坦本人在 26 岁就发表了相对论；达尔文不到 30 岁即形成关于物种起源的概念；牛顿描述重力之际，年方 24 岁；海洛夫斯基 36 岁发明极谱仪；汤姆逊 41 岁发现电子。这些个体创造力的“最佳年龄”各不相同，最终构成了一个年龄区间，也就是创造力的“最佳年龄区”。个体创造力的“最佳年龄”存在差异，但对于整个人类文明的发展来说，创造力的“最佳年龄区”是相对稳定的。

Simonton（1977）认为：生理状况是年龄曲线下滑的唯一外部影响因素①。因此，创造力的“最佳年龄区”应该与人体生理最佳状态的年龄区间相一致。创造力反映出的独特性和适宜性、直觉与逻辑，是大脑两半球的功能②。与创造力关系最密切的生理特征就是人的智力发育水平。人文社会科学家从事的是脑力劳动，人类的智力是随着生理的成长逐渐发展起来的。智力有着明显的年龄特点，一生中有其产生、发展和成熟的过程③，Thorndike（1928）认为人在 24、25 岁智力发育成熟④。Weschler（1981）、Guilford（1967）等心理学家也认为智力发育至 20 多岁才达到高峰。概括来说，14 ~25 岁，智力发育可达到顶点，臻于成熟，到了一定的年龄，人的生理发育的速度就缓慢下来，以至发育停止；智力发展在过了成熟期之后，随着生理的成长，也开始逐渐衰退，心理学家认为人的智力直到 45 岁才逐渐衰退。

智力成熟于 24、25 岁，到 45 岁开始衰退。中间有 20 年左右的稳定期、旺盛期。这个时期由于知识经验较多积累，阅历丰富；年富力强，热情十足；信念与毅力得到更多的锤炼，这就使得智力呈现最佳状态，成为

---

① Simonton, D. K.. Creative Productivity, Age, and Stress: A Biographical Time - Series Analysis Of 10 Classical Composers [J]. Journal of Personality and Social Psychology, 1977a 35, 791 - 804.

② Sperry, R. W. The Great Cerebral Commissure [J]. Sd. Amer, 1964, 210: 42 - 52.

③ 邱仰霖. 漫谈智力与年龄的关系 [J]. 心理学探新. 1985 (4).

④ Thorndike, E. L., Bregman, E. O., Tilton, J. Adult learning [M]. Oxford, England: Macmillan, 1928.

“最佳年龄区”，最大可能地产出成果。赵红州（1984）教授对自然科学的成果产出年龄统计表明，科学发明的最佳年龄区是 25～45 岁，峰值年龄在 37 岁左右①。该结论与“最佳年龄区”十分吻合。

本文对 15 世纪至 20 世纪 90 年代各世纪的人文社会科学家成果产出峰值年龄统计分析的结果，如图 8－1 所示。

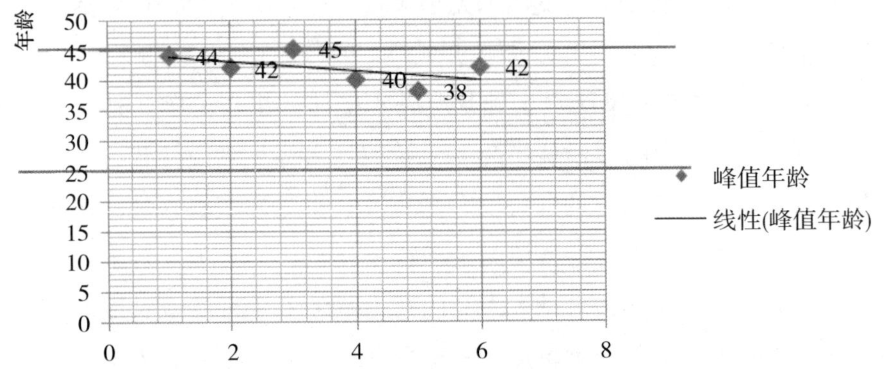

图 8－1　1400—1990 年人文社会科学成果峰值年龄分布及变化趋势图

从图 8－1 可以看出，从 15 世纪到 20 世纪 90 年代各世纪人文社会科学成果产出的峰值年龄分布在 38～45 岁，落在 25～45 岁“最佳年龄区”。从表 4－2 中得出 15 世纪至 20 世纪 90 年代人文社会科学样本总体的成果产出峰值年龄为 41 岁。也就是说，在一般条件下，人文社会科学家 25～45 岁做出成果的可能性都比较大，38～45 岁做出成果的可能性最大。

8.1.3　个体创造力统计分布与最佳年龄峰值

概率论是研究随机现象统计规律性的科学，在概率论中连续型随机变量是指：对随机变量 X 的分布函数为 $F(x)$，若存在非负函数 $f(x)$，使得对任意实数 x 有 $F(x)=\int_{-\infty}^{x} f(t)\,dt$，则称 X 为连续型随机变量；$f(x)$ 称为 X 的概率密度函数，简称为概率密度；$f(x)$ 的图形称为概率

① 赵红州．科学能力学引论［M］．北京：科学出版社，1984：224.

密度曲线①；对连续型随机变量 X 分布有一个重要的概念——众数，如果 $f(x_0)$ 对应的是概率密度函数最大值，也就是概率密度曲线的最高点，则称 x_0 为随机变量 X 分布的众数②。

人的年龄是取值充满一个区间的连续型随机变量，经过拟合分布及结果检验，人文社会科学成果产出年龄服从对数正态分布，对数正态分布图形就是成果年龄的概率密度曲线。对数正态分布的概率密度函数图形是单峰、钟形曲线，该曲线上的最高点对应的年龄值也就是成果年龄分布的众数，是各年龄数据中出现次数最多的年龄值，也就是人文社会科学成果产出的峰值年龄。

由图 8－1 可以看出，人文社会科学家成果产出峰值年龄从 15 世纪的 44.1 岁，移至 20 世纪的 42 岁，在 18、19 世纪峰值年龄在 40 岁以下，呈现年龄前移不断减小的特征。此特征反映了学科分化造成的成果产出年龄年轻化。

人文社会科学的学科发展经历了前科学时期、各基本学科分化和独立发展时期、学科蓬勃发展组成庞大综合科学知识群时期三个阶段③。在人类文明发展初期，人文社会科学与自然科学都统一于“知识总汇”的哲学、神学之中，知识形态处于未分化的状态，既无门类之分，也没有学科之别。18、19 世纪首先是一些人文社会科学基本学科分化、相对独立出来，例如经济学、社会学、政治学、历史学和法学等。20 世纪以来，随着人文社会科学研究视野不断拓展，研究领域不断深入，学科划分越来越细，子学科、分支学科、亚学科也越来越多，数以千计的分支学科形成了一个庞大的学科群。

在前科学时期，人文社会科学研究主体大多是“百科全书”式的学者，他们对于人文社会科学现象的观察和思考往往比较宏观，没有分门别类。其知识涉及的领域非常广泛，知识的积累深厚，也可以说

---

① 盛骤，谢式千，潘承毅．概率论与数理统计［M］．北京：高等教育出版社，2008：42.

② 刘次华，万建平．概率论与数理统计［M］．北京：高等教育出版社，2008：53.

③ 欧阳康．人文社会科学哲学［M］．武汉，武汉大学出版社 2001：204.

是一种“通才”。只有经过长时间知识和经验的积累才能够取得对人类文明具有价值的成果，所以这个时期的人文社会科学成果峰值年龄也比较高。

随着人类社会分工的需要，人文社会科学学科不断分化。伴随着人文社会科学学科的专业化、专门化、精细化的发展，人文社会科学学术研究的效率提高，不再是知识生产的低层次重复，而是向更加深入、专业的方向发展。学科分化使得人类社会中最直接而必需的知识门类纵向、缓慢而有层次地被发掘出来。学者只需在一个相对稳定的学科方向上，根据研究的需要，有重点、有选择地积累知识、掌握专业性的研究方法和技术手段，并将研究工作深入下去，达到对研究对象的精准的认识与细腻的把握，从而缩短了学者积累背景知识所需的时间，提高成果产出的效率。学科分化造成人文社会科学成果峰值年龄也不断地前移，呈现越来越年轻的趋势。

本文结论中15世纪到20世纪90年代人文社会科学总体的成果产出峰值年龄是41岁，此结果是各世纪人文社会科学成果产出峰值年龄构成“最佳年龄区”的平均值。从15世纪到20世纪90年代各世纪人文社会科学成果产出峰值年龄构成的“最佳年龄区”区间上限为45岁，区间下限为38岁，两者的平均值为41.5岁。总体的成果产出峰值年龄41岁非常接近于41.5岁这个区间平均值。

综上所述，对人文社会科学成果产出最佳年龄规律的探索，丰富了关于成果与年龄的科学理论，为人才管理实践提供了理论依据，就是要充分发挥最佳年龄区人文社会科学家的积极性。

最佳年龄区的人文社会科学家是最容易做出成果的，管理部门要给予学术资源的重点资助，解除学者的后顾之忧，为其提供最为优化的学术研究环境。在学术评价和激励政策上，鼓励最佳年龄区的人文社会科学家，使其智慧、创造性与激情都能够最大限度地发挥出来，达到学术研究的最优状态。但是，处于最佳年龄区的人文社会科学家只是做出成果的可能性最大，也不是一定会做出成果。因此人文社会科学家要重视最佳年龄的规律，同时也要保持一颗平常心，即使在最佳年龄区没有取得成果，也不意味着学术事业的终结。持之以恒继续研究，最终取得成果也是有可能的。

人文社会科学家队伍不仅是一个国家人文社会科学兴起的重要原因，也是其衰落的重要原因，人文社会科学的发展需要科学家的队伍是正常的年龄结构和稳定的代谢速度。最稳定的年龄构成是一种“中间大，两头小”的钟形结构，这种结构能够使人文社会科学家队伍保持生命力和战斗力。保证人才队伍稳定的代谢速度，最重要的一点是提高教育水平。良好的教育，能够使大批的青年学者提前进入科学家的行列，从而降低平均年龄，获得较高的研究能力。如果教育水平低下，将可能使大量学者超过最佳年龄，进入不了人文社会科学家的行列，那么整个国家的人文社会科学家年龄结构就呈现老化的状态。

8.2 人文社会科学各学科人才年龄分布结果解释

对 15 世纪至 20 世纪 90 年代的人文社会科学 13 个主要学科人才成果年龄的统计表明，人文社会科学学科人才成果年龄分布服从对数正态分布规律，并得到各学科人才成果高峰年龄值，如表 8－1 所示。

表 8－1 人文社会科学学科人才成果高峰年龄值

学科	峰值年龄	学科	峰值年龄
文学	36.8 岁	政治学	40.9 岁
经济学	38.4 岁	宗教学	41.3
心理学	38.8 岁	语言学	41.4 岁
哲学	39.1 岁	人类学	41.6 岁
艺术	39.1 岁	历史学	43.2 岁
社会学	39.9 岁	考古学	44.2 岁
法学	44.3 岁	—	—

针对学科成果高峰年龄的差异性，一些学者从学科内部特征①②③④⑤、个人的学术素养、创造动力⑥和天赋⑦、成果评价标准⑧、知识编纂程度⑨以及知识更新速度⑩等视角，探索学科成果年龄差异的原因，为实证研究提供了较好的理论解释。

为进一步探索人文社会科学各学科人才成果年龄的差异现象，这里从学科发展动力，学科发展水平视角来揭示各学科成果年龄的差异性原因。

8.2.1 人文社会科学学科发展动力与成果年龄

人文社会科学的学科发展是内部动力与外部动力共同作用的结果。内部动力来源于人文社会科学理论与社会事实的矛盾，以及人文社会科学各学科理论体系内部竞争；社会实践的需要是人文社会科学发展的外部动

---

① Simonton, D. K., Age and Outstanding Achievement: What Do We Know after A Century Of Research? [J]. Psychological Bulletin, 1988a, 104 (2): 251 –267.

② Dennis, W., Creative Productivity between the Ages of 20 and 80 Years [J]. Journal of Geronotology. 1966: 1 –8.

③ Mcdowell. J., Obsolescence of Knowledge and Career and Co – authorship Profiles [J]. American Economic Review. 1982, 72 (9): 752 –768.

④ Dalen, H. P., The Golden Age of Nobel Economists [J]. American Economist, 1999, 43 (2): 19 –35.

⑤ Carayol, N., Matt, M., Individual and Collective Determinants of Academic Scientists' Productivity [J]. Information Economics and Policy, 2006, 18: 55 –72.

⑥ Wanner, R. A., Lewis, L. S., Gregorio, D. I., Research Productivity in Academia: A Comparative Study of the Sciences, Social Sciences and Humanities [J]. Sociology of Education, 1981, 54 (4): 238 –253.

⑦ Simonton, D. K., Childhood Giftedness and Adulthood Genius: A Historiometric Analysis of 291 Eminent African Americans [J]. Gifted Child Quarterly 2008, 52 (3): 243 –255.

⑧ Mu – Hsuan Huang, Yu – Wei Chang. Characteristics of Research Output in Socialsciences and Humanities: From A Researchevaluation Perspective [J]. Journal of the American Society for Information Science and Technology, 2008, 59 (11): 1819 –1828.

⑨ Cole, S. Age and Scientific Performance [J]. American Journal of Sociology, 1979, 84 (4): 958 –977.

⑩ Kyvik, S., Age and Scientific Productivity. Differences between Fields of Learning [J]. Higher Education, 1990 (19): 37 –55.

力。社会实践的性质，其展开规模的大小、深入程度的高低必然影响、制约和规定着人文社会科学发展的水平、程度、形式和结构①。

从历史发展的角度看，人文社会科学进化发展主要表现为人文社会科学的学科发展。人文社会科学各学科发展的动力不同造成各学科发展水平的差异。

科学的突破点往往出现在社会需要和科学内在逻辑的交叉点上。赵红州受此观点的启发，在自然科学领域提出了“当采学科”的概念，即成果累累的学科，并分析得出人类对能源的需要是“当采学科”转移的历史条件。“在不同的历史年代，总有一个物理层次和运动级别是人们开采的主要对象，总有一门（或几门）学科是科学发现的‘当采’学科 ……也是一定历史时期里可能大批出成果的研究方向。”②对人文社会科学而言，社会实践的需要作为外部动力促进人文社会科学的发展。正如华勒斯坦（1997）所说：“若要对社会变革进行合理的组织，那就必须首先去研究它，了解支配它的种种规则。这就不仅为我们后来称为社会科学的那一类学科提供了发展空间，而且还对它们产生了深刻的社会需求”③。社会需要的程度不同，学科发展水平就存在差异。只有具备足够的动力，学科才能发展出更高的水平。有足够发展动力的学科，其培养青年学者具有以下优势。

（1）社会需求动力大的学科都是一定历史时期里可能出大批成果的研究方向，聪明的学者都会在该领域里选题，人才汇聚自然而然地为该学科的发展提供了足够的人力。人们从不同角度、不同方面进行研究，很快就能对研究对象的整体有一个全面的认识，得到大批有价值的研究成果。就好像开采金矿，如果只有几个人挖，就要花费大量的时间去探索，金矿被发现的机会就小，开采花费的时间长。如果大家都知道这个矿里有金子，都会信心满满，充满激情地进行开采，用不同的工具，选择不同的路径，

① 欧阳康．人文社会科学哲学［M］．武汉：武汉大学出版社 2001：214.

② 赵红州．科学能力学引论［M］．北京：科学出版社．1984：253－263.

③ 华勒斯坦．开放社会科学［M］．北京：生活·读书·新知三联书店，1997：10.

金矿被开采出来的概率就大，所用的时间也短。因此，在较短时间内，青年学者就可能做出重大发现。

（2）在财力、物力等资源配置上，管理部门对发展动力较大的学科部署力量，必然会得到较大的收益。因此，管理部门从成本—收益的角度分析，会对这些学科给予更多的资源倾斜，投入更多的关注。学科的研究环境、研究设备等硬件设施得到改善，会为该学科的研究提供良好的外界环境，从而提高研究的效率。

（3）人文社会科学发展水平是一个国家软实力的体现，抓住机会发展具有重要社会需求的学科，能够为国家和社会的发展营造良好的人文环境，增强国家文化竞争力，是一个国家战略规划的重大课题。国家在战略政策层面会给予更多的关注与政策倾斜，为该学科的发展提供更多的支持和更高的平台。国家与国家之间的竞争，也为该学科的发展注入了活力。

8.2.2 学科内部分化水平与成果年龄

在学科发展过程中，由于社会分工和社会实践的需要，学科不断进行分化。从15世纪到20世纪90年代，许多学科独立成熟起来，又分化出新的分支学科。

在人类文明发展初期，人文社会科学与自然科学都统一于“知识总汇”的哲学、神学之中，知识形态处于未分化的状态，既无门类之分，也没有学科之别。继自然科学形成之后，人文社会科学真正独立出来。文艺复兴以来，自然科学的发展不仅推动了社会生产力的巨大发展，推动了社会结构的深刻变化，也带来了一系列严峻问题：人口的增长、城市的扩张、资源浪费、环境污染、经济发展等等，社会为人文社会科学研究的发展提供了对象性前提和迫切的需求动力。因此，从根本上说，近代意义上的人文社会科学及其分化形式是社会变革的产物①。18、19世纪首先是一些人文社会科学基本学科分化、相对独立出来，例如经济学、社会学、政

---

① 刘大椿，潘睿. 人文社会科学的分化与整合［J］. 中国人民大学学报，2009（1）.

治学、历史学和法学等。20世纪以来，随着人文社会科学研究视野不断拓展，研究领域不断深入，学科划分越来越细，子学科、分支学科、亚学科也越来越多，数以千计的分支学科形成了一个庞大的学科群。

大量的新学科（分支）、新思潮（流派）及新主题，既为年轻的学者做出成果提供了有利条件，也为年轻学者做出成果提供了更多机会。

（1）学科研究的专业化特征，缩短了科学研究所需知识的积累时间，为年轻人快速取得研究成果提供了有利条件。在近代学科分化之前，人类对于人文社会现象的观察和思考往往是笼统和粗糙的。学科不断分化改变了这种大而化之的缺陷，“为专业化的进程而悲哀是毫无益处的，因为它乃是知识进步的前提条件，而且经常是代表着概念和技巧的深度精致化”①。学科分化使得人类社会中最直接而必需的知识门类纵向、缓慢而有层次地被发掘出来。学者根据研究的需要，有重点、有选择地积累知识、掌握专业性的研究方法和技术手段，从而缩短了学者积累背景知识所需的时间。学者只要在一个相对稳定的学科方向上，掌握研究所需知识、方法将研究工作深入下去，达到对研究对象的精准的认识与细腻的把握。

（2）专业化使学科研究壁垒越来越高，为年轻学者做出成果提供更多机会。人文社会科学的学科与学科之间，由于研究对象、研究方法、研究过程中所借助研究材料的不同，以及知识表达的语言符号、方式、体系的差异等，使得各学科之间有隔行如隔山之感。由于受所处的学科的影响，同样以学术为职业生活的学者、专家的学科风格和学科人格在思维方式、行为特征方面也表现出较大差异。伴随着学科的不断分化，各新学科（分支）的专业性越来越强，研究内容越来越深入，不仅学科之间，学科内部各分支之间也形成了越来越高的研究壁垒。同时，各新学科（分支）就像树木从主干上刚长出来的枝芽，发展还不成熟，其中的学术地盘与学术权威没有形成，对年轻人来说其发展资源与机会是公平的，不会在学术活动中被学术权威实质性地侵占和掠夺。再加上较高的研究壁垒，又防止了外

① 刘大椿，潘睿．人文社会科学的分化与整合［J］．中国人民大学学报．2009（1）．

界学术权威的侵入。因此，专业性的学科研究壁垒与公平的竞争环境为从事研究的年轻人提供了更多做出成果的保障与机会。

（3）年轻学者面对知识的增长与科学的快速发展更具有优势。知识也如世间万物一样，遵循着新陈代谢的规律，国外有关资料表明：1976 年大学毕业生在校所学的知识，到 1980 年就有 50% 陈旧过时，到 1986 年则完全陈旧。从事学术研究的学者、专家认识和研究活动的过程往往也是主体不断调整或者更新自己知识结构的过程。研究主体在认识和研究的过程中，要根据研究的需要不断调整和更新自己已有的知识结构，要具备较强的知识更新能力，善于吸收新观点、新知识。学科分化带来的专业性促进了人们对某一知识领域深度的扩展，同时在知识不断专业化的过程中，新的研究领域不断出现。随着知识的不断细化，知识总量呈现几何级数的增长趋势，新知识不断出现，知识的更新速度越来越快。年青人在学习和接受新知识方面具有更大的优势。生理上，年轻人具有更好的记忆力。据国内外有关资料，记忆的高峰年龄是 18 ~20 岁（美国心理学家桑代克以为是 18 ~25 岁），可以说 18 ~30 岁是人的记忆力的黄金时代。良好的记忆力，能使年轻人更快储备新知识。心理上，一般情况下，对一些新生事物，往往中老年人接受较慢，多年形成的意识和规律很难改变，有时甚至很自负、顽固。有的年龄大的专家、学者认为自己年龄大了，库存的知识足以独当一面，再说学习新知识恐怕是记不住，也学不进了。而年轻人对新知识往往更加敏感，更有学习的热情。

8.2.3 人文社会科学各学科发展水平与成果年龄

欧阳康（2001）在谈到人文社会科学发展时认为：“发展意味着增长、优化、组织化、有序化、系统化等，是指后起的事物或阶段在质量、数量、形态、结构、效能、效率等方面比先在的事物或阶段更优越更先进。”①各学科的发展动力差异，造成学科发展水平的不同。对发展水平的衡量，具有多种标准，这里借鉴谢菊和叶绍梁（2005）对人文社会科学文科

① 欧阳康．人文社会科学哲学［M］．武汉：武汉大学出版社．2001：199，200.

水平评估的指标体系，从“学科积累”和“学科潜质”两大方面进行评估。

“学科积累”主要体现学科的历史积淀和曾有高度，这里用标志性成果数量表示学科积累，显示该学科已经在同学科中达到的学术地位和已有水平①。需要指出的是，标志性成果与代表人物是不可分割的，成果是人所创造，人又因为成果出名，标志性成果对应的就是学科杰出人物，标志性成果的数量就是学科杰出人物的数量。

“学科潜质”一级指标主要体现学科的发展活力。因此，在人员方面主要观察中青年的情况，新开辟的学科领域及学科新生长点等。这里用30~50岁学者所占比例表示一个学科的中青年学者情况，以学科分化体系表示学科新领域和新生长点。

因为学科动力是影响学科发展水平的重要因素，所以在比较学科发展水平时，将学科动力作为另一个重要方面。也就是说，学科发展水平的评估体系，由“学科动力”“学科积累”“学科潜质”三个方面组成。

在此，选择峰值年龄最大和最小的两个学科，对比这两个学科发展水平。在各学科的峰值年龄中，峰值年龄最小的是文学，最大的为法学，但是学界普遍认为对文学的研究主要包括文学发展史、文学批评和文学理论三个方面②③④。其中，文学批评是依据一定的审美标准和审美理想，对作品的思想价值、艺术价值和历史地位做出科学的评价，审美标准和审美理想具有时代性、个体性。文学批评家的成果年龄受审美标准影响较大，如果符合时代的审美标准，则对作品的评价很容易被社会接受，如果不符合，即使评价得再到位也不可能成为成果，成果要得到社会的承认才可能称之为成果。例如，如果在浪漫主义思潮下，还用古典主义的标准评价作品，那么该评价就不会被社会接受，也就不会成为成果。因此，文学批评

---

① 谢菊，叶绍梁．对文科学科评估指标体系的思考和建议——对人文社会科学学科评估可行性的再思考［M］．中国高教研究，2005（4）．

② 王朝元，伍世昭．文艺学概论［M］．广西：广西师范大学出版社，2011：2.

③ 董学文．文学理论学导论［M］．北京：北京大学出版社，2004：272 -301.

④ 勒内·韦勒克，奥斯汀·沃伦．文学理论［M］．南京：江苏教育出版社，2005：31 -40.

家的年龄与文学研究的学科性质有直接关系，不能从学科发展水平的角度来衡量。并且在数据收集过程中，文学批评家的人数占了一半左右，如果从学科发展动力与发展水平的角度来分析文学学科年龄，会造成原因与结论之间出现较大偏差。在此，选择峰值年龄倒数第二的经济学代替文学，比较经济学与法学的学科发展动力、学科水平与成果年龄的关系，见表 8－2。

表 8－2　经济学与法学学科动力、学科发展水平对比

<table>
<tr><th colspan="2"></th><th></th><th>经济学</th><th>法学</th></tr>
<tr><td rowspan="2">学科发展动力</td><td>社会需要</td><td></td><td>资源有限与人类欲望、需求无限形成了无法克服的永恒矛盾，如何合理地配置和利用有限的资源，成为人类社会永恒的研究课题</td><td>当社会的经济、文化、政治发展到一定阶段，出现了比较完整的法律现象后，法学才逐渐发展起来</td></tr>
<tr><td>学科地位</td><td></td><td>经济学在社会科学中居首要地位①，是其他社会科学的基础。
“社会科学的皇后”</td><td>法学的地位与法在社会中的作用相联系，在现代社会中，法学研究的地位大大上升，成为现代社会生活的显学</td></tr>
<tr><td rowspan="3">学科发展水平</td><td>学科积累</td><td>杰出人才数量</td><td>120 人</td><td>61 人</td></tr>
<tr><td rowspan="2">学科潜质</td><td>30～50 岁学者所占比例</td><td>73.3%</td><td>49.2%</td></tr>
<tr><td>学科分化体系</td><td>整个经济科学已由最初的单一学科，发展到今天的一个具有总体结构的复杂的网络特大系统。整个经济科学各门分支学科现已超过 400 门②</td><td>理论法学、法律史学、部门法学、国际法学，法学其他学科五大门类，③④⑤40 多门分支学科</td></tr>
</table>

① 萨缪尔森．经济学［M］．北京：商务印书馆，1979：1.

② 何丁萌．浅谈经济科学的学科分类［J］．江西社会科学，1991（2）．

③ 中华人民共和国学科分类与代码简表（GBT 13745 － 2009）．http：//wenku. baidu. com/view/53fb1bee6294dd88d0d26b28. html.

④ 何华勤．20 世纪日本法学［M］．北京：商务印书馆，2003：序言．

⑤ 荻华．法学体系初论［J］．法学．1983（10）．

表8－2比较经济学与法学的学科动力、学科发展水平两个方面的差异。从学科发展动力来看，经济学的发展动力更为持续、强劲，因为人类的生存和发展需要各种物品，人类首先要利用相关资源把物品生产出来，然后通过一定的方式分配给社会，满足社会的需要。但是资源有限而人的需求欲望无限的矛盾是永恒的，而经济学就是研究如何使用稀缺资源来满足人类无限多样需求的一门学问。经济学是一门永恒的研究课题。经济学在社会科学中占有重要地位，物质资料生产是人类社会存在和发展的基础，也对人类其他活动起着决定性的作用，只有当人们的物质生活丰富起来之后，政治、文化、科学和教育活动才能够产生和发展。法学的产生和发展都离不开经济学这一基础，马克思说过："法的关系具有特殊性，与国家的形式较为相似，是不可以仅简单地从其本身出发做出解释，也不能仅凭意念从人类精神上寻找一般的发展轨迹，恰恰相反，法和国家都与物质生活有着密不可分的关系，来源于物质生活，是所有物质生活从一定范畴上的加总集合，黑格尔对此已有研究在先，他通过对英国人和法国人在18世纪的发展进行研究，提出了'市民社会'，而如若要对社会进行详细的剖析，还应从最基础的政治经济学出发探索。"① 源源不断的社会需要，为经济学发展提供了持续、强劲的动力，经济学研究出现了大批杰出人才和丰硕的研究成果。

经济学的发展水平要高于法学的发展水平。经济学的学科积累更为厚实，在经济学领域共有120位有杰出贡献的代表人物。他们在推进学科发展方面创立或发展了独特的方法，形成了独特的学术思想，有的在此基础上形成了具有较为永恒或影响久远的、有一定传统的理论体系（或学术体系）和学派②。而法学领域的代表人物只有61人，是经济学的二分之一。经济学比法学更有发展的潜质，经济学有大批中青年学者，占总数的73.3%；法学的中青年学者占49.2%。经济学学科已经发展到一个具有总

① 马克思．马克思恩格斯全集（第13卷）［J］．北京：人民出版社，1962：8.

② 叶绍梁，谢菊．文科学科评估要体现人文精神［J］．中国研究生，2004（增刊）.

体结构的复杂的网络特大系统。整个经济科学各门分支学科现已超过400门，远远多于法学的40多门分支学科。

总体来看，源源不断的社会需要，为经济学发展提供了持续、强劲的动力，各种社会资源流向经济学领域，为经济学的快速发展、青年人才的不断涌现提供了有利条件。经济学既有发展的动力，又有发展的潜力，经济学这棵大树不断开枝散叶，学科新领域和新生长点不断产生，为青年学者做出成果提供了更加有利的机会。因此，在经济学领域硕果累累，年轻人才辈出。

8.3 人文社会科学发展周期统计结果解释

根据研究结论，人文社会科学的发展存在30年的周期繁荣现象。是什么因素推动人文社会科学从一个繁荣期到另一个繁荣期？时间间隔为何是30年？这些问题的解答，可以从自然科学领域的研究成果获得启示。

从自然科学领域的视角来看，英国自然科学史家丹皮早已对科学的发展做出了研究，指出了科学的发展存在着波峰波谷的起伏交替，并将这一规律著入了他的代表作《科学史》之中。杨沛霆（1982）在研究自然科学发展的波动性原因时提出：制约科学发展的因素之一是科学自身的内在矛盾运动。① 托马斯·库恩（T. S. Kuhn）在1962年出版了著名的《科学革命的结构》，在书中，他创造性地引入了“范式”概念，并提出“前科学—常规科学—危机—科学革命—新的常规科学”的科学发展模式。库恩的范式理论解释了科学发展的内在矛盾运动，是一个循环发展的过程。范式理论同样适用于社会科学②，因此，可用库恩的范式理论来解释人文社会科学发展的内在矛盾运动以及周期繁荣现象。

---

① 杨沛霆，徐纪敏. 关于普莱斯科学技术发展指数增长规律的探讨［J］. 科学学与科学技术管理. 1982（5）：2－5.

② 肯尼斯·D. 贝利. 现代社会研究方法［M］. 上海：上海人民出版社，1986：31.

8.3.1 人文社会科学新范式的相对稳定期

在人文社会科学发展的繁荣期涌现出一批杰出的人文社会科学家，此后，人文社会科学新的知识产品和精神成果不断积累，知识存量持续、稳定增长。根据韦伯斯特词典对知识的定义：知识是通过实践、研究、联系或调查获得的关于事物的事实和状态的认识，是对科学、艺术或技术的理解，是人类获得的关于真理和原理的认识的总和①。这些新知识为观察社会世界提供新的视野和参照框架，繁荣期过后，是新知识不断积累的过程，也是社会对新知识消化、吸收、理解的过程。

人文社会科学在繁荣期过后，新形成的范式进入稳定扩展状态。正如欧阳康所说：人文社会科学范式一经形成一般都具有相当的韧性或相对稳定性，单个的事实或一般的竞争性理论通常都不能证实或推翻一种范式②。根据托马斯·库恩对范式的理解："'范式'一词无论实际还是逻辑上，都很接近于'科学共同体'这个词，一种范式，也仅仅是一个科学共同体成员所共有的东西。"③ 科学共同体之"共同"的基础被学界命名为"常规科学"，这是一种具有普遍性的范式结构，其具备了相对稳定性和一定的价值规范④。"常规科学"是指严格根据一种或多种已有科学成就所进行的科学研究⑤。其本质是科学共同体在"范式"支配下的一种"解决难题活动"，它集中研究范式内有确定解的难题，对解题的方法进行研究，总结出成熟、可靠的解题方法。经过"科学共同体"验证，得到其承认的研究成果，就能够转化为在一定时期内进行研究活动的基础，并可以据此展开进一步的科学研究工作，并对最高目标进一步地追求和探寻，即寻求扩

---

① 张凤，何传启．知识创新的原理与路径［J］．工作研究，2005（5）：389－394.

② 欧阳康．人文社会科学哲学［M］．武汉：武汉大学出版社．2001：459.

③ 库恩．必要的张力［M］．福州：福建人民出版社．1981：291.

④ 胡雁．科学革命观：范式转换的重要理论基础［J］．教育科学学报．2007（1）：8－10.

⑤ 库恩．科学革命的结构［M］．上海：上海科技出版社，1980.

大科学知识，并使其精确化。

人文社会科学在繁荣期形成新的范式，进而进入了稳定的常规科学时期，一种或多种已有的人文社会科学成就成为人文社会科学研究者进一步开展活动的基础，人文社会科学共同体有共同的理论体系、基本假定、基本方法和基本观点。可以说，这个阶段的人文社会科学研究是在新的“人文社会科学范式”制约下的人类认知活动。人文社会科学的这种稳定性是相对的，因为，即使在常态下，公认的“范式”尽管也会受到人文社会科学家们不同程度的怀疑和批判，甚至某些不太核心的要素被适度地修改，但是，此时人文社会科学家主要关注的却是坚持、阐明现有的范式，促进现有范式不断自我发展和自我完善。公认的“范式”会保持一种稳定的状态而不会被淘汰，直到更好的竞争范式替代它并为科学共同体所接受。

8.3.2 人文社会科学范式的“反常”与“危机”

人文社会科学范式的稳定性只是在一定时期的相对稳定性，某一范式不可能保持永恒的合理性，因为范式是历史的产物，任何范式都要经历产生、发展、变革和转换的过程。如劳丹（1999）所说：“研究传统是历史的产物。它们是在一定的思想环境中产生和确立起来的，它们是具体理论的助产士，与一切其他历史产物一样，它们也有兴有衰。正如研究传统肯定会产生、会发展一样，它们也会消亡，不再被视为是促进科学进步的工具。”①

人文社会科学理论是对社会实践的反映，社会实践的性质，其展开规模的大小、深入程度的高低必然影响、制约和规定着人文社会科学发展的水平、程度、形式和结构。② 正如恩格斯在《自然辩证法》中所说：“我们只能在我们时代条件下进行认知，而且这些条件达到什么程度，我们便认识到什么程度。”③ 随着社会实践的发展，新事物、新情况、新信息层出

① 拉瑞·劳丹．进步及其问题［M］．北京：华夏出版社，1999：96－97.
② 欧阳康．人文社会科学哲学［M］．武汉：武汉大学出版社，2001：214.
③ 恩格斯．自然辩证法［M］．北京：人民出版社，1971：219.

不穷，越来越多的社会事实无法得到解释，社会认知水平与社会事实之间的差异就造成了社会问题的出现。人文社会科学家们在研究活动中会发现越来越多的与原有范式相矛盾的客观现象，即“反常”现象。当人文社会科学领域中“反常”现象大量出现，越来越多，而现有的理论、模式或“规范”无法解决这些问题时，人们就会对现有的规范产生持续的怀疑，逐步失去对现有范式的信任，从而导致现有范式下人文社会科学陷入困境和危机。最终，一些思想解放、具有革命批判精神的科学家不再盲目迷信旧范式，而是勇于去创立新理论、新范式，以解释和吸收“反常”。当更好的竞争范式取代某一范式的核心部分并为科学共同体所接受时，人文社会科学范式就发生质的变革和新旧转换。

当社会问题积累，范式“危机”出现后，科学家集团的成员们因失去共同的信念而分裂：有的科学家们主张固守旧范式，拒绝新范式；有的主张抛弃旧范式，另建新范式。因为“打破了旧框框，并为规范的根本转移提供了必需的日渐增长的资料”①，这些反思、怀疑、争论为新理论的出现提供了条件，也是新理论涌现，即人文社会科学又一个繁荣期到来的前奏。

8.3.3 人文社会科学范式转换周期与推动力

范式转换并不是一蹴而就的，它是一个长期的过程，通过激烈的竞争和验证，新范式才能最终取代旧范式，完成二者之间的转换。那么新范式如何战胜旧范式，竞争的时间周期是多少呢？

新范式要战胜旧范式需要更为广泛的认同和强大的推动力。德国物理学家普朗克提出了“普朗克原理”，并将其著入《科学自传》（1945）当中：“新的科学真理并非是通过说服反对者、战胜反对者而存活下来的，是在历史的长河中，老的反对者随着时间而逝去，熟悉新思想、新理论的新一代得到了新的发展和成长，从而成使真理得到认可和普及的。”②“普

① 库恩．科学革命的结构［M］．上海：上海科技出版社，1980：74.

② 诸大建．“普朗克原理”和科学家接受新理论的年龄问题［J］．自然辩证法研究．1990，6（2）：52.

朗克原理”揭示了一个道理：年长的科学家因为其固有的思维等多种因素而导致对新科学理论容易产生排斥情绪，但年轻的科学家就更容易接受新知识、新理论。

当代美国著名科学史家、科学哲学家库恩在他的《科学革命论》中，试图用“规范”的转换来解释此类历史现象。依照库恩的观点，新旧范本之间的竞争是零和竞争，双方是互不相容的，没有一个统一可行的评价标准能够对新旧范本进行评价，双方在理论选择上也没有共同的基础。因此，范本之间存在区别的现象是必然的，并且将从始至终广泛地存在。范式的特性中包含了“不可通约性”，因为“不同的学者支持不同的范式，这些学者的生活、学习、科研背景不同，从事的职业也不同，他们是在不同的‘世界’进行科研、实践，这也决定了他们从各自的视角看待同一个问题时，所得到的结果必然是不同的。”①格式塔心理学有一个著名的实验——鸭—兔图实验，这个实验的主要内容就是用同一种范式刺激作用于不同的人，有的人看到的图画是兔子的形象，有的人则看到了鸭子的形象。这形象地说明了在“科学共同体”之间存在着不同的范式标准，不同的人看待世界的角度不同，因此在新旧范式之间是没有可比性的，二者不是相互联通的。

库恩强调从旧范式到新范式的转换主要是一种由年青人来完成的格式塔过程。他认为，老一辈科学家固守常态科学时期传统的旧范式，因而对新范式表现出反抗性。青年人对新发现、新思想、新理论有更强的接受能力，新范式大多由青年一代带入社会。并且青年人对新范式的坚定信仰、执著追求和积极奉行，才能使新规范显示出比旧规范有更好的解决问题的能力，并能说服大多数科学家。因此，新规范的胜利必须依靠青年一代。就像达尔文在《物种起源》（1859）中所说的那样：“虽然我坚持我观点的真实性，但是我并不要求所有的博物学家都能接受，特别是那些经验丰富的学者，他们的脑海里对已有知识已经根深蒂固，对新生事物长期持怀疑态度。只有那些年轻的博物学家们，他们头脑灵活，对固有知识持怀疑态

① 库 恩．科学革命的结构［M］．上海：上海科技出版社，1980：74.

度，才有接受我观点的可能。我对未来充满信心，将希望寄托在新生的博物学家身上，他们将能够不带偏见、客观地看待这两个方面的对立。”①

人文社会科学范式并不是绝对价值中立的，在不同科学共同体之间，由于价值观念、宗教信仰、民族传统等不同，其科学范式都可能有较大差异。人文社会科学范式的更迭、转换也要依靠青年社会科学家来完成。因此，库恩研究结论同样适用于人文社会科学领域：人文社会科学的旧范式到新范式的转换主要是一种由年青人来完成的格式塔过程。范式转换的动力主体是一代青年学者，新旧范式转换的周期是以代际计算的。人文社会科学的发展是人文社会科学家集团共同活动的一种结果，其发展过程表现为“范式”的不断完善，因此，人文社会科学从一个繁荣期发展到另一个繁荣期的周期也是一代人的时间。由于受政治、经济、文化等多种因素的影响，一代人所表示的时间间隔存在波动性，大约是 30 年。

8.3.4 人文社会科学发展的波谷现象

杨佩霆（1982）对科学与政治、经济、社会、文化、教育之间的关系做出了大量研究，提出：“当政治、经济、社会条件都处于良好的状态时，科学技术将具有充分的活力，蕴含着巨大的潜力，对经济发展和社会都会发挥出重大的积极作用。而当政治、经济、社会等各方面的条件处于不良状态，无法给予科学活动以支持时，科学技术将变得极其脆弱。”② 人文社会科学发展中存在的波动性，依然受政治、经济、文化等社会环境因素的影响。人文社会科学发展过程中，波谷的形成原因可以从社会环境因素入手。

赵红洲（1984）在研究自然科学指数增长的波动现象时提出：“历史上的波谷时期，大都与社会的动乱年代相对应。社会动乱以不同的方式影响了科学的发展，扼杀了社会的科学能力。”③ 1400—1969 年波谷年代对应的主要事件，如表 8 – 3 所示。

---

① 达尔文．物种起源［M］．西安：陕西师范大学出版社．2011：362.

② 杨佩霆，徐纪敏．关于普莱斯科学技术发展指数增长规律的探讨［J］．科学学与科学技术管理．1982（5）：2 – 5.

③ 赵红州．科学能力学引论［M］．北京：科学出版社．1984：265 – 273.

表 8－3　1400—1969 年波谷年代发生的主要事件

波谷年代	该时期发生的主要历史事件
1468	英国境内“玫瑰战争”
1498	意大利战争，欧洲大陆诸强国与英国
1528	意大利战争，欧洲大陆诸强国与英国
1558	法国宗教战争
1588	荷兰独立战争，西班牙与荷兰，英国与西班牙海战
1618	斯图亚特王朝在英国的反动统治
1648	英国资产阶级革命
1678	斯图亚特王朝复辟与英国“光荣革命”
1708	英国为觊觎西班牙海外殖民地而参加西班牙王位继承战争
1738	波兰王位继承战争
1768	英法在欧、亚、美三洲展开七年战争
1798	法国资产阶级大革命时期
1828	波旁王朝复辟、全欧性资产阶级民主革命
1918	第一次世界大战
1948	第二次世界大战

根据表 8－3 人文社会科学发展过程中的低谷时期，大多与社会战争动乱时期相对应。社会动乱时期，政治、经济与社会环境不能为人文社会科学提供良好的“土壤”与有利支持，人文社会科学发展受到影响，前进的步伐脆弱无力。

当前，人文社会科学的发展也正处于历史的转型期。美国学者华勒斯坦认为，社会科学领域，“许多旧的范式，以及为捍卫、培育和保护它们而建立的各种机构从未发挥真正的作用，或者已经崩溃了”：“我们正处在现存学科结构分崩离析的时刻，我们正处在学科结构遭到质疑、各种竞争性的学科结构亟待建立的时刻。”① 人文社会科学发展的转型期，也是人文社会科学再度繁荣的机遇期，人文社会科学研究者们必须把人文社会科学

① 华勒斯坦．开放社会科学［M］．北京：生活·读书·新知三联书店，1997：110－111.

视为一种发展性与开放性的事业，自觉地进行开放性的、解构中的重构，以促进人文社会科学范式的转换和当代人文社会科学健康、快速发展。

8.4 人文强国空间分布统计结果解释

人文科学的不平衡发展中存在着世界人文社会强国的转移，理论上讲，世界人文强国的形成与转移涉及很多因素。布热津斯基在谈论美国兴衰时认为教育发挥关键作用："占据高等教育领域的主导地位对于美国维持内在活力、国际声望和全球影响力发挥着至关重要的作用。"① 的确，教育是科技发展的先导，是人文教育先导②。这里可以从教育因素入手，分析教育中心对人文强国兴起以及转移的影响。

8.4.1 教育中心与人文强国的关联性

一个国家科学技术振兴需要大量的各类人才，而人才培养很大程度上是由国家是否重视教育、对教育的重视程度决定的。某个国家的高等教育水平在某个特定的时期内实力远远超越世界上其他国家，致使其他国家争相效仿，并在世界范围内对高等教育的发展产生重大的积极影响，那么这个国家在这个时期内就是世界的高等教育中心。③ 迟景明（2003）指出："从通常情况来看，高等教育中心的形成往往早于科学中心，科学中心要实现转移，首先要实现教育中心的转移。"④ 教育中心与人文强国之间是什么关系？姜国钧（1999）、查有梁（1992）、沈红（1995）、李舜（2001）和罗明东（1994）等不同的学者在研究过程中，也对教育中心的概念进行定量或者定性的界定，并且得到了教育中心转移的轨迹。将教育中心的持

---

① 兹・布热津斯基．大棋局［M］．上海：上海人民出版社，1998：18.

② 李振东．教育对科学技术中心转移的影响［J］．云南商学院学报，1994（1）：87.

③ 张迎端．世界高等教育中心的形成及共性分析［D］．华中科技大学，2011 年 2 月．

④ 迟景明．科学中心转移与高等教育中心转移之间的关系［J］．教育科学，2003，19（6）：35.

续时间与人文强国持续时间进行对比，结果如表8－4所示。

表8－4　五国教育中心与人文强国时间对照表*

国家	教育中心	人文强国
意大利	约1210—1530年	1460—1584年
英国	1550—1650年	1621—1690年
法国	1650—1830年	1691—1849年
德国	1810—1890年	1850—1879年
美国	1910—1969年	1913—1969年

＊数据来源：迟景明．科学中心转移与高等教育中心转移之间的关系［J］．教育科学，2003，19（6）：35－39.

姜国钧．论教育中心转移与科技中心转移的关系［J］．科学技术与辩证法，1999（2）：43.

可见，人文强国往往是在教育高峰期到来的，教育中心是人文强国的基础。一方面，对个体生命来说，教育就是培养人才，把人的潜能天赋显现出来。教育发展必须高瞻远瞩，注重超前规划、实施，人才的培养不是一蹴而就的，是几代人的努力和积累的过程。① 另一方面，教育中心是在政治、经济、文化等所提供的物质基础和观念基础等的作用下形成和发展起来的②。教育中心具备高水平的大学和一批世界著名的教育家及著作，教育资源丰富，为人文强国提供了物质基础和观念基础。

教育不仅培养了人文社会科学家，还培养了他们的自由精神。干亚平（2012）提出：如果一种教育是独立的、自由的、开放的，教育的自组织功能能够充分发挥出来，那么就能培养出创新型人才③。通往智慧的唯一道路是在知识面前享有自由，但通往知识的唯一道路是在获取有条理的事实时保持纪律④。教育中心通过实施自由的教育制度，倡导学术自由、学

① 李振东．教育对科学技术中心转移的影响［J］．云南商学院学报，1994（1）：87.

② 李舜、罗明东．教育中心简论［J］．云南师范大学学报，2001（4）：8－11.

③ 干亚平．论教育自由与人才培养的关系［J］．研究报告及述评，2012，3（1）：89－96.

④ 怀特海．教育的目的［M］．北京：生活·读书·新知三联书店，2002：54，63－69.

术自治和学术中立的理念，营造有利于学者思想萌芽、学术自由与平等、个性发展充分的自由环境，为杰出人才脱颖而出提供条件。

教育中心还具有聚合功能。世界人文强国的转移大多与人文社会科学人数的变化有很大关系。历史上，大凡人文强国，都是杰出人才云集的地方，都是国际学术交流中心。教育中心由于具有较为完备的教育资信、较为充分的教育资源、较为优越的教育条件，因而具有强大的聚合能力，它能把一些教育资源（如师资、生源、资金等）吸引到教育中心。教育中心的聚合功能为人文强国的到来聚集更多的杰出人才。

8.4.2 教育中心转移导致人文中心转移

从表8－1可以看出，各国都是先失去教育中心的位置，才失去人文强国的地位。教育中心的每一次转移都会直接或间接地引致人文强国中心的转移。意大利1530年失去教育中心的位置，1584年失去人文强国的地位；英国1650年失去教育中心的位置，1690年失去人文强国的地位；法国从1830年开始不再是教育中心，1849年失去人文强国地位；美国到1969年依然是教育中心，人文强国的地位也依然保持，没有发生转移。需要指出的是德国人文强国转移的时间要略早于教育中心，这种特殊的现象，将在第三节进行阐述。

由于美国依然处在教育中心和人文强国并行的地位，无法与意英法德四国的情况进行统一比较。在此，只探索意英法德四个国家为何在取得人文强国的地位之后，教育中心的地位逐渐丧失，从而导致人文强国地位丧失。

其中，最主要的原因是教育思想的僵化。干亚平（2012）指出：从人类历史来看，较为完全的教育自由和教育自组织功能的充分发挥，往往是在旧的社会结构瓦解和新的社会结构形成的时期①。人文强国不仅仅是在人文科学发展上取得的成就，还标志着一个国家已经解决了生产力长期发

① 干亚平．论教育自由与人才培养的关系［J］．研究报告及述评．2012，3（1）：89－96.

展所带来的各种矛盾积累，教育家更加关注一个国家教育水平、教育量的增长，教育质量的提升，关注如何解决教师数量配置的问题，关注如何解决教学设备配置的问题。量变的积累最终会引发质变的产生，教育家不断专注于增加教育总量，终有一天能够接近或达到更高的质量目标。教育家的科研工作，主要就是完善自己的教育思想，并非创新新的理论和思想。因此，教育思想完善的同时，也是更加僵化的前奏，以此模式培养出来的只能是固定、单一模式的人才，难以鼓励、激发人才的创新精神。① 随着社会政治、经济、文化等各方面的发展，教育中心没有及时调整思想跟上步伐。它们或者没有对教育思想进行变革，或者变革力度不大，而在教育中心转移的过程中，新兴教育中心通过对当时世界上已有的先进教育中心、教育思想、教育模式进行研究学习，结合本土实际状况，根据本土实际需求，发展出本土化的教育思想，因而产生了世界教育中心的转移。具有创新思想的教育家才能培养出创新型的人才，僵化的教育思想，缺乏创造力的民族，很难培养出杰出的人文社会科学家，并且会造成人才大量流失，最终导致人文强国地位的丧失。

15 世纪处于教育中心的意大利拥有拉漠斯、蒙旦等优秀的教育家，但是英国的培根和洛克的教育思想更具有创造性，教育中心从意大利转移到了英国；洛克的感觉论被孔狄亚克、爱尔维修、卢梭所接受，卢梭在感觉论的基础上提出了自然和自由教育的新思想，教育中心从英国转移到法国；康德是德国成为教育中心的第一个功臣，他研究结合了动物本性和受教育需求者本性，对二者之间的差异进行分析，在这个方面的造诣甚至超越了他的老师卢梭。在他的不断努力和倡议下，德国的现代大学体制得以确立，并且在小学教育上也进行革新，积极推进裴斯泰洛齐的教育新思想，教育中心由法国转移到了德国；19 世纪下半叶，世界多数国家都在竞相学习德国的教育体制，经过麦克默里兄弟及其他人的不懈努力后，德国教育家赫尔巴特的理论得以传播到大洋彼岸的美国，经由和美国实用主义

① 姜国钧．论教育中心转移与科技中心转移的关系［J］．科学技术与辩证法，1999（2）：43.

思想相结合，美国在经历了长时间的发展后逐步成为世界教育中心。从意大利到法国，直至到美国，在各个不同时期内教育思想的发展和创新都伴随着激烈的争论，都是在不断的自我批评和自我扬弃中前进的，是通过对旧有的教育思想、教育制度和教育内容的不断反思、批判、扬弃，最后达到巅峰的。

教育中心是人文强国的基础，如果根基不稳，人文强国的地位就会受到威胁，最终丧失原有的地位。

8.4.3 特例解释

从表 8 –4 可以看出，德国的教育中心与人文强国中心的时间先后存在特殊性，德国失去人文强国地位的时间是 1879 年，比教育中心转移早了 10 年，与其他四国的先失去教育中心的位置，进而导致人文强国中心转移的现象存在差异。是什么原因导致德国特殊的人文强国转移时机呢？德国的人文强国中心应该伴随着教育中心的转移而发生转移，德国具有康德、裴斯泰洛齐等影响力巨大的教育家，现代大学的教育体制，教育的世界影响力非常大，后期的美国也是受德国教育家的影响。有一种外力加速了德国人文强国的衰落时间，即战争。从历史的角度，1862 年德国开始了国家统一战争，1864 年与丹麦开战，1866 年与奥地利开战，1870 年与法国开战。十年的战争，使德国社会经济、文化、政治环境发生较大的变化，造成社会的动荡、资源的消耗，战火硝烟的环境影响人才的脱颖而出，也造成大量人才流失。只有教育家及先进的教育思想，没有稳定的社会教育环境，人文强国的地位也会受到威胁，即使没有其他国家的赶超，自身也会逐渐没落，主动让出人文强国的地位。

如表 7 –5 所示，除去意大利、英国、法国、德国与美国存在的几次时间较长、影响力较大的人文强国中心外，还有几次时间较短的人文强国，英国（1400—1459 年）、法国（1585—1620 年）、英国（1779—1795 年）、英国（1880—1912 年），在此并没有进行讨论，原因有两点。

（1）15 世纪，人文社会科学家的数量非常少，1400—1429 年，英国共有两名人文社会科学家，意大利只有一名，在数据收集过程中，一个样本之差就会影响到研究结果，研究的客观性较难保证。1460 年之后，意大利的人文社会科学家数量就与英国持平并超越英国，保证人数上的绝对优势。在此，本着科学的态度，舍弃 1400—1459 年的英国是人文强国的研究结论。因此，15 世纪以来，第一个人文强国还是从意大利开始。

（2）出现法国（1585—1620 年）、英国（1779—1795 年）、英国（1880—1912 年）三次较短时间的人文强国中心。这与之前的对人文强国的定义与研究方法有关，本文把一个国家的杰出人文社会科学家人数占同期全世界总数百分比最大，也就是排名第一的国家称为“人文强国”，以 30 年为一个时间间隔。而迟景明（2003）是通过对历史的分析主观划分了教育中心的转移轨迹，姜国钧（1999）将把一个国家的教育家数量超过这些国家的教育家总数 20% 的定义为教育活动中心，教育中心是一个稳定的时期，而人文强国是一个此消彼长的过程。以 30 年为时间计点的各国人文社会科学家人数曲线出现波动，频繁的波动造成人文强国时间数据采集的一些误差。并且英国与法国即使不处在教育中心的位置，其也保持了较高的教育水平，人文社会科学家人数在某些时间段出现高峰也是有可能的。因此，为了不使这些相对短暂的人文强国影响研究结论的科学性，在此排除了这些短暂的人文强国。只研究人文强国在意大利（1460—1584 年）、英国（1621—1690 年）、法国（1691—1849 年）、德国（1850—1879 年）、美国（1913—1969 年）的转移。

综上所述，高等教育与国家命运紧紧相联，一个强盛的国家通常都有着强大的高等教育，二者是同生共长的，彼此相互影响、相互支持，一荣俱荣、一损俱损，是命运共同体。① 而这个命运共同体能够存在、生长、发展的前提条件就是教育优先。② 人文强国、科技强国的前提是教育强国，同时也为教育强国提供支持，高等教育体系是人才、智力基础。一般来说，教育中心的形成要早于人文强国，因此，欲振兴人文，必须优先发展

---

① 黎琳，李枭鹰．高等教育强国的基本特征与生发机制［J］．现代大学教育，2009（05）．

② 瞿振元．高等教育强国：本质、要素与实现途径［J］．高等教育研究．2013（3）：2.

教育，尤其是高等教育。为了我国的战略目标，为了中华民族的复兴，在实现“两个一百年”目标的道路上建设人文强国，就需要我们高屋建瓴地思考我国教育事业的建设，用战略眼光从全球视野的角度设计一个完整且强大的教育体系，加快建设高等教育强国。从建设若干国际一流大学的初步目标实现，到建设一个世界一流高等教育体系的战略目标实现，是中国在向国家战略目标前进道路上追求教育强国梦的飞跃。

人文强国从一国向另一国的转移，往往是后发展国家向先进国家学习，然后将先进的思想发扬、创新。中国也应该继续派遣留学生到国外学习，加强国际学术交流合作，在交流合作与竞争中，缩小与人文强国的差距，抓住机遇实施赶超。

9 结论与展望

人文社会科学具有对现存世界进行描述、说明、理解、反思、批判和创新的功能，是认识与指导实践的重要工具、理解和变革社会的理论武器、传承和弘扬人类文明的根本载体，也是国家软实力的重要体现。因此，人文社会科学发展引起各国政府与学者的普遍关注。但是由于对人文社会科学的研究相对于自然科学来说起步较晚，研究成果数量有限，将人文社会科学作为整体对象研究其发展规律的成果尚未形成。在对国内外文献及理论梳理的前提下，确立人文社会科学发展的表象性特征指标：人才成长与成果分布。以此为基础，对人文社会科学人才成果产出的年龄特征、不同学科人才成果产出年龄分布，人文社会科学成果的时间序列分布、空间分布进行探索。这里将对人文社会科学人才年龄与成果时空分布研究进行总结，在此基础上指出未来需要进一步研究的方向。

9.1 研究结论

人文社会科学的成果创造年龄符合对数正态分布规律，峰值年龄15世纪以来呈减小趋势，各学科成果创造峰值年龄存在差异，15世纪以来人文社会科学发展存在周期性波动，人文强国的地理空间分布出现多次转移。

（1）人文社会科学作为专业领域，其创作主体的成长与发展具有规律性。年龄是人公开显现的客观特征，是人的自然属性，也是探索人才成长规律性的重要参考依据。人文社会科学人才的创造力随着年龄增长而增强，到达一定年龄阶段后处于稳定状态，超过一定年龄值后，创造力又随着年龄增长而下降，是一种单峰型曲线，符合对数正态分布规律。41岁是人文社会科学人才创造的峰值年龄，也是“黄金年龄”，人文社会科学人才在这个时期创造力最强，做出成果的概率最大。

（2）人才成果产出的年龄除了受人类生理与心理特征的影响之外，还受到学科发展阶段性特征的影响，因而人文社会科学成果产出的“黄金年龄”不是固定不变的。伴随着学科分化发展，成果创造所需的知识、技能更加专业化，因而前期学习与知识积累时间相对缩短，人才创造成果的效率提高，“黄金年龄”数值逐渐前移。社会发展对人文社会科学各学科有不同程度的需要，学科的发展分化程度存在差异性，因而，各学科人才成果产出的“黄金年龄”数值也各不相同，学科分化程度越高，年龄数值越小，反之，越大。

（3）人文社会科学的发展过程中也存在科学革命，人文社会科学革命也就是范式转换。新旧范式以固守—质疑的方式竞争，青年一代最终将新范式推向胜利。15 世纪以来，随着人文社会科学发展过程中一次次的范式转化，人文社会科学成果每 30 年出现一次超长涌现的现象，这个时期硕果累累，人文社会科学充满生命力。但是也会出现一次青黄不接的低谷期，这个时期往往是战乱频发、社会动荡不安的时期。也就是说，人文社会科学的每一次发展要依次经历上升、繁荣、衰退和低谷四个阶段，时间周期为 30 年。

（4）15 世纪到 20 世纪 60 年代，近代人文社会科学强国在英国、意大利、法国、德国、美国五个国家之间产生了 8 次转移。从转移的过程来看，转移模式概括为 3 种：一国独强式、两国角逐式和多国交替式。从 15 世纪至 20 世纪末，随着人类文明的丰富与积累，国家间人文社会科学发展竞争的不断激烈，取得人文强国地位的难度越来越大，要有成果数量上的绝对优势。强盛期维持的时间呈缩短趋势，人文社会科学成果空间转移频率加快。从转移结果来看，人文强国在地理空间上的每次转移就意味着追赶上来的人文强国所创造成果数量要超过原来的人文强国，人文强国转移的过程也是人文社会科学发展的过程。从 15 世纪至 20 世纪末，人文强国人文社会科学家数平均值随时间呈现指数增长态势。从人文强国转移的原因来看，人文强国形成与教育高峰期到来之时，教育中心是人文强国发展的基础，教育中心的转移是人文强国转移的重要基础，教育中心的每一次转移都会直接或间接地引致人文强国中心的转移。各国都是先失去教育中心的位置，才失去人文强国的地位。

9.2 研究展望

繁荣发展人文社会科学事业任重道远，在未来，关于人文社会科学人才年龄分布与成果时空分布的研究仍需继续，今后研究的发展需要从三个方面进行推进。

一是数据资料需进一步完善。由于技术水平、科研能力的不足，各国人文社会科学文献建设很不健全。各国各地收集整理文献资料的基本标准是：简单易寻、绝对重要、相对熟悉、利己等，这也是客观需要所致。只有这样才能充分挖掘各地文化资源，为人文社会科学的综合研究和协调发展奠定基础。但是，如果以整个世界的人文社会科学为研究对象，就会遇到文献资料不全的问题，各国的文献都有厚此薄彼的现象，《大不列颠百科全书》也不例外。虽然，目前人文社会科学的文献发展还处于收集材料阶段，人类所占有的文献资料还具有相当的局限性。但随着全球化的发展、网络技术的普及，会促进各国数据资源的共享，人文社会科学的文献挖掘会向着准确、全面、客观的方向发展。另外，数据的收集整理与出版具有滞后性，目前只收集到15 世纪至20 世纪末的数据，随着最新版本的《大不列颠百科全书》的出版，最近30 年的数据也会逐渐完善。

二是研究专题有待于进一步的深化。目前研究中的“成果”是用质量标准定义的，还有其他的定义成果的方法，例如以数量标准、质量/数量比例标准等等，需要研究不同“标准”下，“成果”与“年龄”的关系。在学科成果年龄分布研究中，需要将学科范围不断扩展，不仅局限于13 个主要学科，更加完善系统地分析人文社会科学学科成果年龄分布的差异性。人文社会科学成果在时间序列分布上，不仅具有30 年超长涌现的周期性特征，还应该有其他的分布特征，例如，60 年、100 年等其他周期，成果数量的指数增长等等，需要对成果的时间序列分布做进一步的研究。在

人文社会科学成果的空间分布上，只分析了人文强国在德、意、英、法、美五国之间的转移，需要进一步呈现出人文社会科学成果在整个世界地理范围内的分布状况。因此，无论是理论研究的深度，以及实证研究的广度上都有待于进一步完善。

三是对研究结论与各种分布影响因素的分析是研究的重要方向。目前，只是从成果的年龄、时空分布三个方面统计描述了“是什么”，然而，要繁荣发展人文社会科学，提高国家软实力建设，只知道“是什么”是远远不够的，要抓住现象的本质，寻找“为什么”，也就是寻找结论出现的原因。只有明确人文社会科学成果产出年龄的影响因素、成果繁荣期形成的条件因素、人文强国转移的影响因素，才能为管理部门制定人文社会科学发展政策提供科学合理的理论指导，使政策能够有的放矢地配置资源，实现配置效率，促进人文社会科学繁荣发展。因此，研究也必须对成果的年龄、时空分布的影响因素进行科学、全面、深入的分析。

参 考 文 献

[1] Allison, P. D. , Stewart, J. A. Productivity Differences among Scientists: Evidence for Accumulativc Advantage [J] . American Sociological Review, 1974, 39 (4): 596 –606.

[2] Amabile, T. M. Motivational Synergy: Toward New Conceptualizations of Intrinsic and Extrinsic Motivation in the Work Place [J] . Human Resource Management Review, 1993 (3): 185 –201.

[3] Bayer, A. E. , Dutton, J. E. , Career Age and Research – Professional Activities of Academic Scientists: Tests of Alternative [J] . The Journal of Higher Education, 1977, 48 (3): 259 –282.

[4] Beard, G. M. Legal Responsibility in Old Age [M] . Russell Sage Foundation. New York, 1874: 5 –42.

[5] Beard, G. M. American Nervousness, Its Causes and Consequences [M] . G. P. Putnam' s Sons, New York, 1881.

[6] Brocklebank, J. C. , Dickey, D. A. SAS System for Forecasting Time Series [M] . Second Edition, Cary, North Carolina: SAS Institute Inc. 2003.

[7] Carayol, N. , Matt, M. Individual and Collective Determinants of Academic Scientists' Productivity [J] . Information Economics and Policy, 2006, 18: 55 –72.

[8] Cassandro, V. J. Explaining premature mortality across fields of creative endeavor. Journal of Personality, 1998b, 66: 805 –833.

[9] Choi, B. S. ARMA Model Identification [M] . New York: Springer – Ve-

lar, 1992: 129 - 132.

[10] Clement, F. Early Determinants of Research Productivity [J] . American Journal of Sociology, 1973, 79 (9): 409 - 419.

[11] Cole, S. Age and Scientific Performance [J] . American Journal of Sociology, 1979, 84 (4): 958 - 977.

[12] Cong C. China' s Scientific Elite [M] . London and New York: Rout ledge Curzon, 2004: 170.

[13] Dalen, H. P. The Golden Age of Nobel Economists [J] . American Economist, 1999, 43 (2): 19 - 35.

[14] De Pury, D. Innovate or Die. Is the First Rule of International Industrial Competition [J] . Research Technology Management, 1994, 37: 9 - 111.

[15] Dennis, W., Creative Productivity between the Ages of 20 and 80 Years [J] . Journal of Geronotology. 1966: 1 - 8.

[16] Diamond, A. M. Jr. An Economic Model of the Life - Cycle Research Productivity of Scientists [J] . Scientometrics. 1984, 6 (3): 189 - 196.

[17] Dickey, D. A., Hasza, D. P., Fuller, W. A. Testing for Unit Roots in Seasonal TimeSeries [J] . Journal of the American Statistical Association, 1984, 79 (386), 355 - 367.

[18] Dougherty, D. Understanding New Markets for New Products [J] . Strategic Management Journal, 1990 (11): 59 - 781.

[19] Dougherty, D. Interpretive Barriers to Successful Product Innovation in Large Firme [J] . Organization Science, 1992 (3): 122 - 1791.

[20] East, J. W., Information Literacy for the Humanities Researcher: A Syllabus Based on Information Habits Research [J] . Journal of Academic Librarianship, 2005, 31: 134 - 142.

[21] Reward, E. R. Intrinsic and Extrinsic Motiva - Tion and Creativity [J] . Creative Research Journal, 2003, 14 (2/3): 121 - 130.

[22] Ellis, D., A Comparison of the Information Seeking Patterns of Re-

searchers in the Physical and Social Sciences [J] . Journal of Documentation, 1993, 49: 356 -69.

[23] Farmer, Y. M. , Ries, L. M. Nickinovich, David G. , Achieving Success in the Social Sciences: The Importance of Training and Experience [J] . American Sociological Association, 1991, 25 (2) .

[24] Frese M, F. Personal Initiative: An Active Performance Concept for Work in The 21st Century, Staw B. M. , Sutton R. M. (eds) . Research in Organizational Behavior [C] . Amsterdam: JAI Press, 2001 (23): 133 -187.

[25] Friedman, H. S. , Booth - Kewley, S. Validity of the Type A construct: A Reprise [J] . Psychological Bulletin, 1988, 104: 381 -384.

[26] Friedman, H. S. , Hawley, P. H. , Tucker, J. S. , Personality, Health, and Longevity [J] . Current Directions in Psychological Science, 1994 (3) 3: 7 -41.

[27] Galenson, D. W. Weinberg, B. A. , Creative Careers: The Life Cycles of Nobel Laureates in Economics [EB/OL] http: //www. nber. org/papers/w11799. pdf? new _ window = 1.

[28] Galenson, D. W. Old Masters and Young Geniuses: The Two Life Cycles of Human Creativity [J] . Journal of Applied Economics, 2009 (5): 1 -9.

[29] Galenson, D. , The Careers of Modern Artists: Evidence from Auctions of Contemporary Paintings [J] . Journal of Cultural Economics, 2000, 24: 87 -112.

[30] Galenson, D. , Artistic Capital [M] . New York, NY, Routledge, 2006b.

[31] Galenson, D. , Conceptual Revolutions in Twentieth Century art [M] . Cambridge, Cambridge University Press and NBER. 2009.

[32] Galenson, D. , Kotin, J. Filming Images or Filming Reality: The Life Cycles of Important movie Directors from D. W. Griffith to Federico Fellini

[J] . Historical Methods, 2007, 40: 117 - 34.

[33] Galenson, D., Old Masters and Young Geniuses [M] . Princeton, NJ, Princeton University Press. 2006a.

[34] Galenson, D., Painting Outside the Lines [M] . Cambridge, MA, Harvard University Press, 2001.

[35] Galenson, D. Toward Abstraction: Ranking European Painters of the Early Twentieth Century [J] . Historical Methods, 2006c, 39: 99 - 111.

[36] Galenson, D. W., Weinberg, B. A., Creative Careers: The Life Cycles of Nobel Laureates in Economics [J] . NBER Working Paper Series, 2005 (6) .

[37] Goodwin, T. H., Life Cycle Productivity in Academic Research: Evidence from Cumulative Publication Histories of Academic Economists [J] . Southern Economic Journal, 1995, 61 (3): 728 - 743.

[38] Gray, C. E. An Epicyclical Model for Western Civilization [J] . American Anthropologist, 1961, 63: 1014 - 1037.

[39] Gray, C. E. Measurement of Creativity in Western Civilization [J] . American Anthropologist, 1966, 68: 1384 - 1417.

[40] Gray, C. E. An Analysis of Graeco - Roman Devel - opment: The Epicyclical Evolution of Greco - Roman Civilization [J] . American Anthropologist, 1958, 60: 13 - 31.

[41] Gruber, H. E. The Evolving Systems Approach to Creative Work [J] . Creativity Research Journal, 1988 (1): 27 - 51.

[42] Gruber, H. E., Wallace, D. B., The Case Study Method and Evolving Systems Approach for Understanding Unique Creative People at Work [M] . Theories of Creativity. Runco, M. A. & Albert, 1999. 93 - 115.

[43] Guetzkow, J., Michele L., What is Originality in the Humanities and the Social Sciences? [J] . American Sociological Review, 2004, 69 (4): 190 - 212.

[44] Gute, G., Gute D. S. The Early Lives of Highly Creative Persons: The

Influence of the Complex Family [J]. Creativity Research Journal, 2008, 20 (4): 343-357.

[45] Haensly, P. A., Reynolds, C. R. Creativity and Intelligence, Printed in Handbook of creativity. Perspectives on Individual Differences. Glover, John A., Ronning, Royce R., Reynolds, Cecil R. (Ed), New York, NY, US: Plenum Press. 1989: 111-132.

[46] Halsey, A. H., Trow M., The British Academics [M]. Harvard University Press (Cambridge), London, 1971.

[47] Harriet. Z. Scientific Elite: Nobel Laureates in the United States [M]. New Brunswick: Transaction, 1996: 92, 169, 197.

[48] Harrington, F., Barron, D. Creativity, Intelligence, and Personality [J]. Annual Revisers of Psychology, 1981, 32: 439-476.

[49] Heeringen, A. V., Dijkwel, P. A., The Relationships Between Age, Mobility and Scientific Productivity. Part 2 [J]. Scientometrics, 1987 (11): 281-293.

[50] Holsapple, C. W., Singh, M., The Knowledge Chain Model: Activities for Competitiveness [J]. Expert Systems with Applications, 2001, 20: 77-981.

[51] Horn, J. L., Cattell, R. B. Age Differences in Fluid and Crystallized Intelligence [J]. Acta Psychologica, 1967 (26)

[52] Howe, M. J. A. Prodigies and creativity. In Sternberg, R. J. (Ed.), Handbook of Creativity Cambridge [M]. Cambridge University Press. 1999: 431-446.

[53] Jackson, C. Disciplining Gender [J]. World Development, 2002, 30 (3): 497-510.

[54] Jean F. B., Camille L. E., Sabroux R. An Architecture for Knowledge Evolution in Organization [J]. European Journal of Operational Research, 1997, 109: 414-427.

[55] Jonathan C, Stephen C. Social Stratification in Science [M]. IL: Uni-

versity of Chicago Press, 1973.

[56] Kozbelt, A., One-hit Wonders in Classical Music: Evidence and An Explanation for An Early Career Peak [J]. Creativity Research Journal, 2008, 20 (2): 441-446.

[57] Kroeber, A. L., Configurations of Culture Growth [M]. Univ. of California Press, 1944: 17, 18.

[58] Kyvik, S., Productivity Differences, Fields of Learning, and Lotka's Law [J]. Scientometrics1989, 15 (3-4): 205-214.

[59] Kyvik, S., Olsen, T. B., Does the Aging of Tenured Academic Staff Affect the Research Performance of Universities? [J]. Scientometrics, 2008, 76 (3): 439-455.

[60] Kyvik, S., Age and Scientific Productivity. Differences between Fields of Learning [J]. Higher Education, 1990 (19): 37-55.

[61] Lally, E. A Researcher's Perspective on Electronic Scholarly Communication [J]. Online Information Review, 2001, 25 (2): 80-87.

[62] Lehman, H. Age and Achievement [M]. Princeton University Press, 1953. Published by Harry R. Moody. Aging - Conceptsand Controversies [M]. Pine Forge Press. 1994: 372-377.

[63] Mahapatra, M., Biswas, S. C., Concept Specification by PRECIS Role Operators: Some Technical Problems with Social Science and Humanities Literature [J]. Library and Information Science Research, 1985 (6): 53-73.

[64] McCann, S. J. H. The Precocity-Longevity Hypothesis: Earlier Peaks In Career Achievement Predict Shorter Lives [J]. Society for Personality and Social Psychology, 2001, 27 (11): 1429-1439.

[65] McCann, S. J. H. Schlesinger's Cycles of American History and Presidential Candidate Age (1789-1992): When Younger Is Better [J]. Political Psychology, 1995, 16: 749-755.

[66] Mcdowell, J., Obsolescence of Knowledge and Career and Co-author-

ship Profiles [J] . American Economic Review. 1982, 72 (9): 752 –768.

[67] Meho, L., Tibbo, H., Modeling the Information – Seeking Behavior of Social Scientists: Ellis' s Study Revisited [J] . Journal of the American Society for Information Science and Technology, 2003, 54: 570 –587.

[68] Merton R. K. The Sociology of Science: Theoretical an Empirical Investigations [M] . Chicago: The University of Chicago Press, 1973: 498 – 503, 510 –513.

[69] Merton, R. K., The Matthew Effect in Science, Ⅱ Cumulative Advantage and the Symbolism of Intellectual Property [J] . ISIS, 1988, 79: 606, 607, 618, 619.

[70] Mu – Hsuan Huang, Yu – Wei Chang. Characteristics of Research Output in Socialsciences and Humanities: From A Researchevaluation Perspective [J] . Journal of the American Society for Information Science and Technology, 2008, 59 (11): 1819 –1828.

[71] Nasir M., Masrur R., An Exploration of Emotional Intelligence of the Students of IIUI in Relation to Gender, Age and Academic Achievement [J] . Bulletin of Education and Research, 2010, 31 (6): 37 –51.

[72] Oster, S. M., Hamermesh, D. S., Aging and Productivity among Economists [J] . The Review of Economics and Statistics, 1998, 80 (1): 154 –156.

[73] Over, R., Does Research Productivity Decline with Age? [J] . Higher Education, 1982: 11 (5): 511 –520.

[74] Rank, J., Pace, V. L., Frese M. Three Avenues For Future Research on Creativity, Innovation, and Initiative [J] . Applied Psychology: An International Review, 2004, 53 (4): 518 –528.

[75] Romanos de Tiratel, S. Accessing Information Use by Humanists and Social Scientists: A Study at The Universidad De Buenos Aires, Argentina [J] . The Journal of Academic Librarianship, 2000, 26: 346 –54.

[76] Runco, M. A. Creativity [M] . Annu. Rev. Psychol, 2004, 55: 657 -687.

[77] Seibert, S. E. , Kraimer M. L, Crant M. J. What do Proactive People Do? A Longitudinal Model Linking Proactive Personality and Career Success [J] . Personnel Sychology, 2001 (54): 845 -874.

[78] Sharon, A. T. , Adult Academic Achievement in Relation to Formal Education and Age [J] . The Adult Education Quarterly, 1971 (6): 231 - 237.

[79] Shin, K. E. , Putnam, R. H. , Age and Academic - Professional Honors [J] . Journal of Gerontology, 1982, 37 (20): 220 -229.

[80] Shin, J. C. Classifying Higher Education in Situations in Korea: A Performance - Based Approach [J] . Higher Edueation, 2009, 57 (2): 247 -266.

[81] Simonton, D. K. Individual Genius within Cultural Configurations: The Case of Japanese Civilization [J] . Journal of Cross - Cultural Psychology, 1996a, 27: 354 -375.

[82] Simonton, D. K. , Aesthetic Success in Classical Music: A Computer Analysis of 1935 Compositions [J] . Empirical Studies of the Arts, 1986a (4): 1 -17.

[83] Simonton, D. K. , Creative Expertise: A Life -Span Developmental Perspective. In K. A. Ericsson (Ed.), The Road to Expert Performance: Empirical Evidence from The Arts Andsciences, Sports, and Games [M] . Mahwah, NJ: Erlbaum. 1996b: 227 -253.

[84] Simonton, D. K. , Musical Aesthetics and Creativity in Beethoven: A Computer Analysis of 105 Compositions [J] . Empirical Studies of the Arts, 1987 (5): 87 -104.

[85] Simonton, D. K. Age and Creative Productivity: Nonlinear Estimation of An Information Processing Model [J] . International Journal of Aging and Human Development, 1989a, 29: 23 -37.

[86] Simonton, D. K. Age and Literary Creativity—Across - Cultural And Tran

historical Survey [J] . Journal of Cross – Culture Psychology, September 1975a, 6 (3): 259 –277.

[87] Simonton, D. K. Career Landmarks in Science: Individual Differences and Interdisciplinary Contrasts [J] . Developmental Psychology, 1991a, 27: 119 –130.

[88] Simonton, D. K. Cross – Sectional Time – Series Experiments: Some Suggested Statistical Analyses [J] . Psychological Bulletin, 1977b, 84: 489 –502.

[89] Simonton, D. K. Drawing Inferences from Symphonic Programs: Musical Attributes Versus Listener Attributions [J] . Music Perception, 1995 (12): 307 –322.

[90] Simonton, D. K. Emergence and Realization of Genius: The Lives and Works of 120 Classical Composers [J] . Journal of Personality and Social Psychology, 1991b, 61: 829 –840.

[91] Simonton, D. K. Eminence, Creativity, and Geographic Marginality: A Recursive Structural Equation Model [J] . Journal of Personality and Social Psychology, 1977c, 35: 805 –816.

[92] Simonton, D. K. Galtonian Genius, Kroeberian Configurations, and Emulation: A Generational Time – Series Analysis of Chinese Civilization. [J] . Journal of Personality and Social Psychology, 1988c, 55 (2): 230 –238.

[93] Simonton, D. K. Land Battles, Generals, And Armies: Individual and Situational Determinants of Victory and Casualties [J] . Journal of Personality and Social Psychology, 1980a, 38: 110 –119.

[94] Simonton, D. K. Latent – Variable Models Of Posthumous Reputation: A Quest For Galton' S G [J] . Journal of Personality and Social Psychology, 1991c, 60: 607 –619.

[95] Simonton, D. K. Leaders of American Psychology, 1879 – 1967: Career Development, Creative Output, and Professional Achievement [J] .

Journal of Personality and Social Psychology, 1992, 62: 5 -17.

[96] Simonton, D. K. Lexical Choices and Aesthetic Success: A Computer Content Analysis Of 154 Shakespeare Sonnets [J] . Computers and the Humanities, 1990, 24: 251 -264.

[97] Simonton, D. K. Significant Samples: The Psychological Study of Eminent Individuals [J] . Psychological Methods, 1999b (4): 425 -451.

[98] Simonton, D. K. Thematic Fame and Melodic Originality in Classical Music: A Multivariate Computer - Content Analysis [J] . Journal of Personality, 1980c, 48: 206 -219.

[99] Simonton, D. K. Thematic Fame, Melodic Originality, and Musical Zeitgeist: A Biographical and Trans Historical Content Analysis [J] . Journal of Personality and Social Psychology, 1980b, 38: 972 -983.

[100] Simonton, D. K. , Artistic Creativity and Interpersonal Relationships Across and Within Generations [J] . Journal of Personality and Social Psychology, 1984a, 46: 1273 -1286.

[101] Simonton, D. K. , Childhood Giftedness and Adulthood Genius: A Historiometric Analysis of 291 Eminent African Americans [J] . Gifted Child Quarterly 2008, 52 (3): 243 -255.

[102] Simonton, D. K. , Creative Life Cycles in Literature: Poets Versus Novelists or Conceptualists Versus Experimentalists? [J] . Psychology of Aesthetics, Creativity, and the Arts, 2007, 1 (3): 133 -139.

[103] Simonton, D. K. , Creative Productivity through the Adult Years [J] . Generations, 1991d, 15 (spring): 13 -16.

[104] Simonton, D. K. , Creative Productivity, Age, and Stress: A Biographical Time - Series Analysis of 10 Classical Composers [J] . Journal of Personality and Social Psychology, 1977a, 35 (11): 791 -804.

[105] Simonton, D. K. , Formal Education, Eminence, and Dogmatism: The Curvilinear Relationship [J] . Journal of Creative Behavior, 1983, 17: 149 -162.

[106] Simonton, D. K. , Origins of Genius: Darwinian Perspectives on Creativity [M] . New York: Oxford Univ. Press. 1999a.

[107] Simonton, D. K. , Popularity, Content, and Context in 37 Shakespeare Plays [J] . Poetics, 1986b, 15: 493 - 510.

[108] Simonton, D. K. , Scientific Genius: A Psychology Of Science [M] . Cambridge University Press. Cambridge, England, 1988b.

[109] Simonton, D. K. , Sociocultural Context of Individual Creativity: A Trans historical Time - Series Analysis [J] . Journal of Personality and Social Psychology, 1975b, 32 (6): 1119 - 1133.

[110] Simonton, D. K. , Talent and Its Development: An Emergence and Epigenetic Model [J] . Psychological Review, 1999b, 106: 435 - 457.

[111] Simonton, D. K. , The Eminent Genius in History: The Critical Role of Creative Development [J] . The Gifted Child Quarterly, 1978 (2): 187 - 195.

[112] Simonton, D. K. , The Swan - Song Phenomenon: Last - Works Effects for 172 Classical Composers [J] . Psychology and Aging, 1989 (4): 42 - 47.

[113] Simonton, D. K. , Age and Outstanding Achievement: What Do We Know after A Century Of Research? [J] . Psychological Bulletin, 1988a, 104 (2): 251 - 267.

[114] Simonton, D. K. , Biographical Determinants of Achieved Eminence: A Multivariate Approach to the Cox Data [J] . Journal of Personality and Social Psychology, 1976, 33: 218 - 226.

[115] Simonton, D. K. , Creative Productivity and Age: A Mathematical Model Based on A Two - Step Cognitive Process [J] . Developmental Review, 1984b (4), 77 - 111.

[116] Simonton, D. K. , Is The Marginality Affect All That Marginal? [J] . Social Studies of Science, 1984c, 14: 621 - 622.

[117] Simonton, D. K. , Quality, Quantity, and Age: The Careers of 10

Distinguished Psychologists [J] . International Journal of Aging and Human Development, 1985, 21: 241 - 254.

[118] Simonton, D. K. Creative Productivity: A Predictive and Explanatory Model of Career Trajectories and Landmarks [J] . Psychological Review, 1997, 104: 66 - 89.

[119] Simonton, D. K. Fickle Fashion Versus Immortal Fame: Tran Historical Assessments of Creative Products in The Opera House [J] . Journal of Personality and Social Psychology, 1998, 75: 198 - 210.

[120] Simonton, D. K. The Swan - Song Phenomenon: Last - Works Effects for 172 Classical Composers [J] . Psychology and Aging, 1989b (4): 42 - 47.

[121] Slatta, R. W. , Telecommunications for the Humanities and Social Science. Microcomputers for Information Management: An International [J] . Journal for Library and Information Services, 1986 (3): 91 - 110.

[122] Smith R. Does reflexivity' s Prate the Human Scienees from the Natural Sciences [J] . History of the Human Sciences, 2004, 18 (4): 1 - 25.

[123] Smith, S. M. , Fixation, Incubation, and Insight in Memory and Creative Thinking. In Smith, S. M. , Ward, T. B. , Finke, R. A. (Eds.), The Creative Cognition Approach [M] . Cambridge, MA: MIT Press. 1995: 136 - 156.

[124] Sorokin, P. A. , Social and Cultural Dynamics (4 vols.) . [M] . New York: American Book. 1937 - 1941.

[125] Sperry, R. W. The Great Cerebral Commissure [J] . Sd. Amer, 1964, 210: 42 - 52.

[126] Steck, L. , & Machotka, P. , Preference for Musical Complexity: Effects of Context [J] . Journal of Experimental Psychology: Human Perception and Performance, 1975, 104: 170 - 174.

[127] Stephan, P. E. , Sharon G. Levin. Age And the Nobel Prize Revisited [J] . Scientometrics, 1993, 28 (3): 387 - 399.

[128] Sternberg, R. J. , Gordeeva, T. , The Anatomy of Impact: What Makes An Article Influential? [J] . Psychological Science, 1996 (7): 69 -75.

[129] Sternberg, R. J. , Lubart, T. I. , Defying the Crowd: Cultivating Creativity in A Culture of Conformity [M] . New York: Free Press, 1995.

[130] Sternberg, R. J, Lubart, T. I. An Investment Theory of Creativity and Its Development [J] . Human Development, 1991 (34): 1 -31.

[131] Subotnik, R. F. , Arnold, K. D. , Beyond Term An: Contemporary Longitudinal Studies of Giftedness and Talent [M] . Norwood, NJ: Ablex. 1994.

[132] Sulloway, F. J. , Born to Rebel: Birth Order, Family Dynamics, and Creative Lives [M] . New York: Pantheon. 1996.

[133] Szostak, R. Classification, Interdisciplinary, and The Study Of Science [J] . Journal of Documentation, 2008, 64 (3): 319 -332.

[134] Thorndike, E. L. , Bregman, E. O. , Tilton, J. Adult learning [M] . Oxford, England: Macmillan. 1928.

[135] Tsay, R. S. , Tiao, G. C. Consistent Estimates of Autoregressive Parameters and Extended Sample Autocorrelation Function for Stationary and Nonstationary ARMA Models [J] . JASA, 1984, 79 (385): 84 -96.

[136] Tsay, R. S. , Tiao, G. C. Use of Canonical Analysis in Time Series Model Identification [J] . Biometrika, 1985, 72 (2): 299 -315.

[137] Tweney, R. D. Five Questions for Computation Lists. In J. Shrager & P. Langley (Eds.), Computational Models of Scientific Discovery and Theory Information [M] . Sanmateo, CA: Kaufmann. 1990: 471 -484.

[138] Vitz, P. C. , Preferences for Rates of Information Presented by Sequences of Tones [J] . Journal of Experimental Psychology, 1964, 68: 176 -183.

[139] Wallner, B. Age Profile, Personnel Costs and Scientific Productivity at the University of Vienna [J]. Scientometrics 2003: 144 – 153.

[140] Wanner, R. A., Lewis, L. S., Gregorio, D. I., Research Productivity in Academia: A Comparative Study of the Sciences, Social Sciences and Humanities [J]. Sociology of Education, 1981, 54 (4): 238 – 253.

[141] White, R. K., The Versatility of Genius [J]. Journal of Social Psychology, 1931 (2): 460 – 489.

[142] Winner, E., Gifted Children: Myths and Realities [M]. New York: BasicBooks. 1996.

[143] Woodfield, T. J. Time Series Intervention Analysis Using SAS Software [C]. Proceedings ofthe Twelfth Annual SAS Users Group International Conference, 1987, 331 – 339.

[144] Zuckerman, H., Sociology of Science [M]. Handbook of Sociology, Newbury Park, Calif. Sage Publications, 1988: 531, 527.

[145] 阿尔弗雷德·韦伯. 文化社会学视域中的文化史 [M]. 姚燕（译）. 上海：上海人民出版社，2005.

[146] 安东尼·吉登斯. 社会学 [M]. 北京：北京大学出版社，2009：4 – 5.

[147] 昂利·彭加勒. 科学的价值 [M]. 沈阳：辽宁教育出版社，2000：146 – 152.

[148] 贝尔纳. 历史上的科学 [M]. 伍况甫等（译）. 北京：科学出版社，1959.

[149] 贝克尔. 人力资本 [M]. 北京：北京大学出版社，1987：1.

[150] 波普尔. 猜想与反驳 [M]. 上海：上海译文出版社，1986：307.

[151] 波普尔. 科学知识进化论 [M]. 上海：生活·读书·新知三联书店，1987. 433

[152] 蔡言厚，冯用军，王凌峰等. 2008 中国杰出人文社会科学家研究报告解读 [J]. 中国高等教育评估，2009 (1)：31 – 36.

[153] 查尔斯·默里. 文明的解析：人类的艺术与科学成就（公元前

800—1950 年）［M］．胡利平（译）．上海：上海人民出版社，2008. 320 – 323.

［154］查有梁．从历史看教育与科学的关系［J］．科学学与科学技术管理，1992（3）．

［155］查有梁．杰出人才成长之道［J］．高等教育研究，1996，12（2）：3 – 8.

［156］查有梁．科学进步模式与教育进步模式［J］．黑龙江高教研究，1991（1）：14 – 17.

［157］陈佳贵．社科院关于首批学部委员候选人产生过程的说明［N］．中国社会科学院院报，2006，7（18）：2.

［158］陈蓉霞．宗教改革与近代自然科学崛起［J］．自然辩证法研究，1991（6）：9 – 4.

［159］陈世奔，张靖硕．人类文明与自然资源［J］．国外环境科学技术，1997（3）：11 – 13.

［160］陈文化，胡桂香等．代科学体系的立体结构：一体两翼——关于科学分类问题的新探讨［J］．科学学研究，2002（6）：566 – 570.

［161］陈文化．科学技术与发展计量研究［M］．湖南：中南工业大学出版社，1992：231 – 266.

［162］陈先达．繁荣哲学社会科学加强哲学社会科学的人才培养［J］．思想理论教育导刊，2001（11）：9 – 11.

［163］迟景明．科学中心转移与高等教育中心转移之间的关系［J］．教育科学，2003，19（6）：35

［164］达尔文．物种起源［M］．西安：陕西师范大学出版社．2011：362

［165］丹尼尔．当代西方社会科学［M］．北京：社会科学文献出版社，1988. 14.

［166］丹尼尔．第一次世界大战以来的哲学社会科学［M］．北京：中国社科院情报研究所，1983.

［167］丹皮尔．科学史及其与哲学和宗教的关系［M］．北京：商务印书馆，1997：28 – 29.

[168] 荻华．法学体系初论［J］．法学．1983（10）

[169] 丁柏铨，胡治华．人文社会科学基础［M］．北京：首都师范大学出版社，2004. 14，148 – 150，193 – 194，206.

[170] 丁宪浩，李国新．应当善待社科人才［J］．江海纵横，2005（2）：45 – 46.

[171] 董学文．文学理论学导论［M］．北京：北京大学出版社，2004：272 – 301

[172] 恩格斯．自然辩证法［M］．北京：人民出版社，1971：219

[173] 冯石岗．哲学社会科学在人类文明中作用的探索［D］．天津大学，2004，10.

[174] 冯烨，梁立明．近现代西文文化中心分布的时空特征及门类层次析因［J］．河南师范大学学报（哲学社会科学版），2004（5）：84 – 87.

[175] 冯烨，梁立明．世界科学中心转移的时空特征及学科层次析因［J］．科学学与科学技术管理，2000（5）：4 – 8，（6）：10 – 11.

[176] 冯烨，梁立明．世界科学中心转移与文化中心分布的相关性分析［J］．科技管理研究，2006（2）：192 – 195.

[177] 傅正华．科学技术发展的人文环境分析［M］．武汉：湖北教育出版社，1999.

[178] 甘自恒，金又琳．论新时代的创新人才［J］．中国工程科学，2007，9（11）：26 – 30.

[179] 干亚平．论教育自由与人才培养的关系［J］．研究报告及述评，2012，3（1）：89 – 96.

[180] 贡布里希．他们却原来都是人：对人文社会科学中文化相对主义的反思，（载）范景中编选．艺术与人文科学：贡布里希文选［M］．中文1版，杭州，浙江摄影出版社，1989，390 – 391

[181] 古练权，马林．生物有机化学［M］．北京：高等教育出版社，1998.

[182] 谷兴荣．科技发展的计量研究［M］．长沙：湖南科技出版社，

1990.

[183] 谷兴荣. 论科技三大发展规律的统一性原理 [J]. 岭南学刊, 2004 (4): 67.

[184] 顾锦芳, 朱悦怡. 高校哲学社会科学队伍建设的对策建议 [J]. 江苏技术师范学院报, 2007 (10): 17-20.

[185] 郭金海. 1948 年中央研究院的院士选举 [J]. 自然科学史研究, 2006 (1): 38.

[186] 郭樑. 基于人才矢量分析的拔尖创新人才成长规律研究 [J]. 中国高教研究, 2006 (6): 40-41.

[187] 郭祥焰, 杨福祥等. 加快深圳社科人才队伍的建设 [J]. 特区理论与实践, 2003 (4): 45-48.

[188] 哈贝马斯. 重建历史唯物主义 [M]. 北京: 社会科学文献出版社, 2000. 178.

[189] 郝凤霞, 张春美. 原创思维的源泉: 百年诺贝尔获奖者知识交叉背景的研究 [J]. 自然辩证法研究, 2001, 17 (9): 55-59.

[190] 何丁萌. 浅谈经济科学的学科分类 [J]. 江西社会科学, 1991 (2)

[191] 何华勤. 20 世纪日本法学 [M]. 北京: 商务印书馆, 2003: 序言.

[192] 何书元. 应用时间序列分析 [M]. 北京: 北京大学出版社, 2005: 174-177.

[193] 和金生. 知识经济与知识发酵 [J]. 科学学与科学技术管理, 2002 (3): 63-66.

[194] 弘历. 文源阁记收录于中国古代藏书与近代图书馆史料 [M]. 李希泌等 (编). 北京: 中华书局, 1982.

[195] 洪大用. 积极探索人文社会科学拔尖创新人才培养模式 [J]. 中国高等教育, 2010 (13, 14): 41-43.

[196] 胡雁. 科学革命观: 范式转换的重要理论基础 [J]. 教育科学学报. 2007 (1): 8-10

[197] 湖南省社会科学院课题组. 深入学习江泽民总书记"八·七"重要讲话: 培养高水平的哲学社会科学家与培养高水平的自然科学家同

样重要［J］．求索，2001（6）：11－12.

［198］华勒斯坦．开放社会科学［M］．北京：生活·读书·新知三联书店，1997，3.

［199］怀特海．教育的目的［M］．北京：生活·读书·新知三联书店，2002：54，63－69.

［200］黄欣荣，王英．技术中心及其活动规律的统计研究［J］．科学学研究，1990，8（2）：18－28.

［201］季羡林．对21世纪人文学科建设的几点意见［J］．文史哲，1998（1）：7－16.

［202］冀建中．本世纪科学与宗教关系的几个特点［J］．自然辩证法研究，1992（11）：47－53.

［203］江华．超越社会科学的传统范式——解读沃勒斯坦的世界体系理论［J］．文史哲，2008（2）：36－44.

［204］姜国钧．论教育中心转移与科技中心转移的关系［J］．科学技术与辩证法，1999（2）：43

［205］金盛华，张景焕，王静．创新性高端人才特点及对教育的启示［J］．中国教育学刊，2010（6）：5－10.

［206］克莱恩．跨越边界——知识学科学科互涉［M］．姜智芹（译）．南京：南京大学出版社，2005.

［207］肯尼斯·贝利．现代社会研究方法［M］．上海：上海人民出版社，1986：31.

［208］库 恩．必要的张力［M］．福州：福建人民出版社．1981：291

［209］拉瑞·劳丹．进步及其问题［M］．北京：华夏出版社，1999：96－97

［210］勒内·韦勒克，奥斯汀·沃伦．文学理论［M］．南京：江苏教育出版社，2005：31－40

［211］黎 琳，李枭鹰．高等教育强国的基本特征与生发机制［J］．现代大学教育，2009（05）．

［212］李红桃．高等教育中心转移与科学活动中心转移［J］．建材高教理

论与实践，2001，2（20）：9－10.
［213］李舜、罗明东．教育中心简论［J］．云南师范大学学报，2001（4）：8－11
［214］李松梅．最佳年龄成才律——二谈成才规律［J］．人才开发，1994（8）：21.
［215］李维平．人才成长的共同规律［J］．中国人才，2006（4）：38－39.
［216］李英田．宽容有利于鼓励创新［N］．光明日报，2007－9－12.
［217］李振东．教育对科学技术中心转移的影响［J］．云南商学院学报，1994（1）：87.
［218］梁开卷．决策模式选择的权变性［J］．领导科学，1996（6）：4－5.
［219］梁立明，王元，丁凡等．科学与文化成果年龄分布研究的新发展［J］．自然辩证法通讯，1999，21（4）：28－33.
［220］梁立明，赵红州．科学发现年龄定律是一种威布尔分布［J］．自然辨证法讯，1991（1），28－36.
［221］林恩·桑戴克．世界文化史［M］．陈廷璠（译）．上海：三联书店，2005.
［222］刘次华，万建平．概率论与数理统计［M］．北京：高等教育出版社，2008：53
［223］刘大椿，潘睿．人文社会科学的分化与整合［J］．中国人民大学学报，2009（1）：141－150.
［224］刘贵富．国内专家学者分级研究［J］．科研管理，2010（8）：27－30.
［225］刘鹤玲．世界科学活动中心形成的经济—政治—文化前提［J］．自然辨证法研究，1998，2（14），47－50.
［226］刘俊婉．从诺贝尔奖现象看科学创造的特征［J］．科学学研究，2009（9）.
［227］刘丽．马克思主义人才成长规律的当代诠释［J］．山东纺织经济，

2009（1）：50－51.

[228] 刘明诗，袁哲．论哲学社会科学创新资源［J］．海军工程大学学报，2010，7（1）：83－88.

[229] 刘能杰．正确把握人才成长规律和人才资源开发规律［J］．求知，2004（7）：6－8.

[230] 刘软梅．社会科学人才队伍建设战略构想［J］．黑龙江社会科学，1999（5）：53－54.

[231] 刘松峰．科学与社会互动——浅谈科学与文化的关系［J］．科学学研究，1999，3（17）：10－13.

[232] 刘文龙，袁传伟．世界文化史（近代传）［M］．杭州：浙江人民出版社，1999. 71－83.

[233] 刘则渊，王海山．近代世界哲学高潮和科学中心关系的历史考察［J］．科研管理，1981（1）：7－21.

[234] 陆军，宋筱平等．关于学科——学科建设等相关概念的讨论［J］．清华大学教育研究，2004（6）：24－26.

[235] 路甬祥．规律与启示：从诺贝尔自然科学奖与20世纪重大科学成就看科技原始创新的规律［J］．西安交通大学学报：社会科学版，2000，20（4）：3－11.

[236] 罗卫东．跨学科社会科学研究：理论创新的新路径［J］．浙江社会科学，2007（2）：35－41.

[237] 马克思．马克思恩格斯全集（第13卷）［J］．北京：人民出版社，1962：8

[238] 孟建伟．从实证管理到人文激励——论科研管理观的转变［J］．山东社会科学，2010（4）．

[239] 孟绍为．多维ARMA（p，q）模型的递推预报［J］．山东工程学院学报，2000，14（4）：21－24.

[240] 默顿．科学社会学．理论和经验的研究［M］．转引自：杰里·加斯顿．科学的社会运行：英美科学界的奖励系统［M］．北京：光明日报出版社，1988：6.

[241] 默顿普，范仟年，吴忠．十七世纪英国的科学、技术与社会[M]．蒋效车（译）．成都：四川人民出版社，1986. 77 – 116，339 – 357.

[242] 尼尔斯·布莱依耳．和谐与统一：尼尔斯·波尔的一生［M］．上海：东方出版中心，1998. 225.

[243] 欧阳康．人文社会科学哲学［M］．武汉：武汉大学出版社，2001：1，4，22，62，117，112，199，202，118 – 120，187 – 188，210 – 222，224 – 229，459，503 – 504

[244] 彭福扬，王树仁．从计量研究角度看技术活动中心转移［J］．科学学研究，1998（4）．

[245] 彭文晋．人才学概说［M］．哈尔滨：黑龙江人民出版社，1983.

[246] 钱伟．中国社会科学院优秀科研成果奖励制度演进浅析［J］．社会科学管理与评论，2007（1）．

[247] 乔纳森·特纳．社会学理论的结构［M］．北京：华夏出版社，2001. 178.

[248] 邱仰霖．漫谈智力与年龄的关系［J］．心理学探新. 1985（4）．

[249] 瞿振元．高等教育强国：本质、要素与实现途径［J］．北京：高等教育研究. 2013（3）：2.

[250] 萨缪尔森．经济学［M］．北京：商务印书馆，1979：1.

[251] 盛骤，谢式千，潘承毅．概率论与数理统计［M］．北京：高等教育出版社，2008：42.

[252] 施若谷．试论科技教育与科技中心转移的关系［J］．自然辩证法研究，1999，11（15）：43 – 46.

[253] 舒尔茨．论人力资本投资［M］．北京：北京经济学院出版社，1990. 8 – 20.

[254] 舒炜光．一个成才模式［J］．创造与人才，1985（4）：11.

[255] 苏新宁，邹志仁．从 CSSCI 看我国人文社会科学研究［J］．江苏社会科学，2008（2）：231 – 237.

[256] 眭平．科技创新与文化环境［J］．科学管理研究，2004（1）．

[257] 孙红军．学习《中共中央关于进一步繁荣发展哲学社会科学的意

见》座谈会发言摘登［J］．苏州科技学院学报（社会科学版），2004，21（3）：11.

［258］谭荣波．“源”与“流”学科、专业及其关系的辨析［J］．教育发展研究，2002（11）：114－116.

［259］汤浅光朝．解说科学文化史年表［M］．北京：科学普及出版社，1984.

［260］汤浅光朝．科学活动中心的转移［J］．科学与哲学，1979（2）.

［261］陶青．繁荣和发展哲学社会科学也必须提高自主创新能力［J］．青岛行政学院学报，2006（4）：27－32.

［262］托夫勒．第三次浪潮［M］．朱志焱等（译）．北京：生活·读书·新知三联书店，1984.

［263］托马斯·库恩．科学革命的结构［M］．金吾伦等（译）．北京：北京大学出版社，2003. 70.

［264］王朝元，伍世昭．文艺学概论［M］．广西：广西师范大学出版社，2011：2.

［265］王建．上海市哲学社会科学优秀成果奖分析报告［J］．社会观察，2003（1）：34－35.

［266］王良滨，王续琨．中西方科学家与哲学家高峰期的比较研究［J］．科学学研究，2001（4）：19.

［267］王树恩，燕斌，杨燕．世界科学中心形成的一般模式与我国的对策［J］．科学管理研究，2004（2）：46－49.

［268］王通讯．人才成长的八大规律［J］．决策与信息，2006（5）：53－54.

［269］王兴成，秦麟征．国外社会科学政策研究［M］．北京：社会科学文献出版社，1993.

［270］王艳明，许启发．时间序列分析在经济预测中的应用［J］．统计与预测，2001，5（113）：32－34.

［271］王燕．应用时间序列分析［M］．北京：中国人民大学出版社，2008：103－110.

[272] 王兆海. 怎样培养大师级人才 [J]. 决策与信息, 2008 (10): 24-25.

[273] 王振龙, 胡永宏. 应用时间序列分析 [M]. 北京: 科学出版社, 2005: 96-97.

[274] 王周谊, 郭琳, 李净. 关于杰出人文社科学者评价模式研究——以1948年“人文院士”评选为参照 [J]. 北京行政学院学报, 2011 (1): 18-21.

[275] 威廉·麦克高希. 世界文明史——观察世界的新视角 [M]. 董建中, 王大庆 (译). 北京: 新华出版社, 2003.

[276] 韦莉莉. 社会科学院的竞争激励机制建设 [C]. 中国社会科学院“繁荣发展哲学社会科学”课题组. 繁荣发展哲学社会科学. 北京: 中国社会科学出版社, 2004: 100.

[277] 魏屹东, 郭贵春. 科学中心转移现象的社会文化语境分析 [J]. 科学技术与辩证法, 2001 (6).

[278] 沃尔夫. 十六、十七世纪科学技术和哲学史 [M]. 周昌忠等 (译). 北京: 商务印书馆, 1985.

[279] 沃勒斯坦. 现代世界体系 (第1卷) [M]. 北京: 高等教育出版, 1998.11.

[280] 沃勒斯坦. 知识的不确定性 [M]. 济南: 山东大学出版社, 2006.

[281] 吴静, 颜吾佴. 高校哲学社会科学人才队伍建设存在的主要问题及对策研究 [J]. 北京交通大学学报 (社会科学版), 2011, 10 (2): 104-108.

[282] 吴鹏森, 房列曙. 人文社会科学基础 [M]. 上海: 上海人民出版社, 2011.7-13, 86-91, 174-177, 253, 339-345.

[283] 吴兆雪, 王梅. 学贯中西, 综合创新——造就高水平哲学社会科学人才的必由之路 [J]. 安徽农业大学学报 (社会科学版), 2005, 14 (5): 5-8.

[284] 肖曼君, 夏荣尧. 中国的通货膨胀预测: 基于ARIMA模型的实证分析 [J]. 上海金融, 2008 (8): 39.

[285] 谢晶莹. 强化队伍：致力学术传承——以社科院人才队伍建设为视角［J］. 社会科学管理与评论，2009（2）：50－57.

[286] 谢菊，叶绍梁. 对文科学科评估指标体系的思考和建议——对人文社会科学学科评估可行性的再思考［J］. 中国高教研究，2005（4）.

[287] 新华网. 温家宝：牢固树立和认真落实科学发展观：［EB/OL］. http：//news. xinhuanet. com/newscenter/2004－02/29/content_ 1337121. htm

[288] 徐国祥. 统计预测和决策［M］. 上海：上海财经大学出版社，2001. 154－176.

[289] 薛玉刚，季正松等. 对镇江市哲学社会科学人才状况的调查与思考［J］. 镇江高专学报，2005，18（2）：52－54.

[290] 杨龙和，张怀承. 哲学社会科学复合型人才培养模式的创新与实践——以湖南师范大学公共管理学院教学改革为例［J］. 湖南师范大学教育科学学报，2009，8（5）：97－99.

[291] 杨佩霆，徐纪敏. 关于普莱斯科学技术发展指数增长规律的探讨［J］. 科学学与科学技术管理. 1982（5）：2－5.

[292] 杨永华. 社会科学家的成功模式初探——《中国现代社会科学家传略》研究之一［J］. 晋阳学刊，1989（3）：68－72.

[293] 杨植，方一明. 管理思路［M］. 安徽人民出版社，1991. 45－46.

[294] 叶继元. 国内外人文社会科学学科体系比较研究［J］. 学术界，2008（5）：37.

[295] 叶绍梁，谢 菊. 文科学科评估要体现人文精神［J］. 中国研究生，2004（增刊）

[296] 余英杰. 社会科学人才论［J］. 武汉交通管理干部学院学报，1994（3）：1－3.

[297] 俞文钊. 中国的激励理论及其模式［M］. 上海：华东师范大学出版社，1993. 7－10.

[298] 袁曦临，刘宇，叶继元. 人文、社会科学学科分类体系框架初探［J］. 大学图书馆学报，2010（1）：39.

［299］袁曦临．人文社会科学学科分类体系研究［D］．南京大学，2011：20－35.38－40.

［300］翟礼嘉，顾红雅，胡苹等．现代生物技术导论［M］．北京：高等教育出版社，1999.

［301］张凤，何传启．知识创新的原理与路径［J］．工作研究，2005（5）：389－394

［302］张保生等．高校社会科学研究三十年发展历程和动力［J］．北京大学学报（哲学社会科学版），2008（5）：133.

［303］张笃勤．武汉市属社科人才队伍建设现状与对策建议［J］．武汉学刊，2006（5）：42－46.

［304］张国春，周大亚等．我国哲学社会科学奖励状况调研报告［R］．2007年国情调研．济南：山东人民出版社，2008：363－364.

［305］张弘．社科院学部委员公示名单“官多”惹争议［N］．新京报，2006－7－26.

［306］张明，邱永明．人才成长规律探寻——全国第二届“中国人才学论坛”暨学术研讨会综述［J］．中国人才，2006（1）：36－37.

［307］张晓忠，张韵静．在教学和科研实践中促进中青年理论人才的成长［J］．世纪桥，2006（5）：115－117.

［308］张迎端．世界高等教育中心的形成及共性分析［D］．华中科技大学.2011，2.

［309］张永红．浅析人才成长的规律［J］．云南科技管理，2005（3）：56－58.

［310］赵德国等．遏制大学排名中重理轻文现象，推动哲学社会科学发展——基于《2007中国杰出社会科学家研究报告》的分析［J］．中国高等教育评估，2008（1）：27.

［311］赵红州．科学劳动的智力常数［J］．自然杂志，1982（3）．

［312］赵红州．科学能力学引论［M］．北京：科学出版社，1984.

［313］赵喜仓，周作杰．基于SARIMA模型的我国季度GDP时间序列分析与预测［J］．统计与决策，2010（22）：18.

[314] 赵长茂. 软实力支撑中国崛起 [N]. 环球, 2005 -9 -16.

[315] 赵振宇. 社科领域人才与成果评价中存在的问题及解决方法 [J]. 南方经济, 1996 (3): 26.

[316] 郑红, 樊洁等. 心理学原理与应用 [M]. 北京: 清华大学出版社, 2011.

[317] 郑瑞萍. "三轻三重": 科研激励机制刍议 [J]. 北京行政学院学报, 2011 (1): 22 -25.

[318] 郑师渠. 哲学社会科学应以更加开放的心态走向世界 [J]. 中国高等教育, 2002 (11): 6 -7.

[319] 中共中央. 关于进一步繁荣发展哲学社会科学的意见 [N]. 人民日报, 2004, 3 (21).

[320] 中共中央国务院. 关于进一步加强人才工作的决定 [N]. 光明日报, 2004 -1 -1.

[321] 中国大百科全书出版社《简明大不列颠百科全书》编辑部. 简明大不列颠百科全书 [M]. 北京: 中国大百科全书出版社, 1985.

[322] 中华人民共和国学科分类与代码简表 (GBT 13745 -2009) [EB/OL]. http: //wenku. baidu. com/view/53fb1bee6294dd88d0d26b28. html

[323] 周大亚. 学术大师的启示——中国社会科学院学术大师学术年龄特点分析 [J]. 社会科学管理与评论, 2004 (1): 41 -47.

[324] 周德厚, 郭东才. 创造学——企业的首要科学 [J]. 航天工业管理, 1996 (3): 36 -39.

[325] 周凤麟. 对数正态回归模型的统计诊断 [D]. 贵州财经学院, 2009.

[326] 朱琳. 智力与创造力关系探究 [J]. 毕节师范高等专科学校学报, 2003 (6)

[327] 朱有志, 胡跃福, 马贵舫. 推动我国哲学社会科学优秀成果和优秀人才走向世界 [J]. 社会科学管理与评论, 2008 (2): 1 -6.

[328] 诸大建. "普朗克原理" 和科学家接受新理论的年龄问题 [J]. 自然辩证法研究. 1990, 6 (2): 52

[329] 庄文，邱永明．人才成长规律论［J］．人才开发，2008（2）：12－14.

[330] 兹·布热津斯基．大棋局［M］．上海：上海人民出版社．1998. 18

[331] 邹东涛．关于人文社会科学高层次人才培养的思考［J］．中国统计，2000（11）：18－21.